琵琶湖
阿弥陀堂
卍新緑山光照寺
堂ヶ池
垣見ヶ池
種
太子道
山路
垣見
垣見城
虚無僧池
愛知川
愛
卍石馬寺
西の湖
安土城
安土山
東円
繖山
観音寺城
観音正寺卍
岩戸山
和田山城
五個荘山本
清水鼻
卍正福寺
近江八幡市
五個荘伊野部
箕作山
卍瓦屋寺
建部瓦屋寺
建部日吉
太郎坊宮
東近江市役
長光寺城
瓶割山
松尾
東近江市
蛇溝

聖徳太子と信長の馬かけ

平居一郎 著

もくじ

レンジ窓《まど》のそとは雪《ゆき》。

イチローが粉雪《こなゆき》をかぶって帰《もん》てきました。

「うぅ、さぶッ!」

身《み》をちぢこませながら、合わせた手平《てのひら》に、ハア、ハアと息《いき》をかけました。

「もうちょっと、こっちゃへござい。のくといほん」

お婆《ばあ》がイチローを囲炉裏端《いろりばた》に手招《てまね》きました。

膝《ひざ》を立《た》てて坐《すわ》ったイチローと、背《せ》をまるくしたお婆《ばあ》、

「今日《きょう》もね、おもしろーい、ハナシをしてやるさかいにね、よーお、聞《き》かいや」

お婆《ばあ》はかたりはじめました。

イチローは、目《め》を輝《かがや》かせてお婆《ばあ》のハナシにくいいりました。

「むかーし、むかしなぁ……」

〈お婆のかたり〉

ゑ《え》ちがわ村《むら》から百済寺《ひゃくさいじ》へいく太子《たいし》みちを、わがままな織田信長《おだのぶなが》ちゅうお殿さんと聖徳太子《しょうとくたいし》さんが馬《うま》かけ競争《きょうそう》をしやはってな。

お殿《との》さんは太子《たいし》さんの空《そら》を飛《と》ぶお馬《うま》を借《か》りやはったのやけんど、ほれでもお殿《との》さんは太子《たいし》さんに負《ま》けはったんや。

そいたらな、ほの腹《はら》いせに太子《たいし》さんがたてはった百済《ひゃくさい》寺《じ》を、ぜんぶ燃《も》やいせしまはって、お寺《てら》にいやはったお坊《ぼう》さんや女《おんな》の人《ひと》や子《こ》どもや年寄《としよ》りまで、ぜーんぶ殺《ころ》さはってな。

ほんなむちゃをしゃはったお殿《との》さんを、家来《けらい》の明智光《あけちみつ》秀《ひで》ちゅう人《ひと》が怒《おこ》らはってな、京《きょう》の本能寺《ほんのうじ》で天罰《てんばつ》をあてはったんやて。

聖徳太子と信長の馬かけ

織田信長《おだのぶなが》が六万の大軍をひきいて、近江の守護・佐々木六角承禎義賢《ささきろっかくじょうていよしかた》を攻略《こうりゃく》するため、愛知川《えちがわ》の右岸（現・滋賀県愛知郡愛荘町）まで攻め寄せてきました。天下布武《てんかふぶ》の野望を抱く信長が、征夷大将軍《せいいたいしょうぐん》の地位を望む足利義《あしかがよし》昭《あき》を奉《ほう》じて京都に上《のぼ》ろうとするのを、六角承禎が阻害《そがい》したからでした。

「この河を渡れば佐々木六角の本城、観音寺《かんのんじ》城は目前《もくぜん》じゃ。だが、この四《し》周《しゅう》には六角承禎の被官《ひかん》の砦《とりで》や支城が数多《あまた》ある。まともに攻め込めば、わが軍の被害も甚大《じんだい》になろう。観音寺城さえ落とせば、支城の戦意《せんい》は一気に落ちる。如何《いか》なる戦略《せんりゃく》で攻込《せめこ》めばよいか、各自《おのおの》意見を申してみよ」

織田信長は諸将《しょしょう》を交《まじ》えて軍議《ぐんぎ》を重ねていましたが、これといった良策《りょうさく》を上申《じょうしん》する者は、誰もいませんでした。

信長は腹立しい思いをしながらそばを通る街道の中ほどに立ち、居並ぶ陣営を視察していました。この街道は、その昔、聖徳太子《しょうとくたいし》が百済寺《ひゃくさいじ》[注1]建立の折に通られた故事《こじ》によって、「太子街道」と名付けられていました。すると、その故事を知る信長の脳裏に、ふと、聖徳太子の神馬《しんば》「甲斐《かい》の黒駒《くろこま》」や「天津速駒《あまつはやこま》」の伝説が浮かびました。

聖徳太子の馬は地上はおろか、天空《てんくう》をも自由に駆《か》けるといわれているそうな。そのどちらの馬でもよい。これに乗って観音寺城の上空から鉄砲で焼《や》き弾丸《だま》を射《ぶ》ち込みたいものよ。いくら堅固《けんご》な城に立てこもる六角承禎であろうと、驚いて逃げ出すに違いない――

信長がそんな思いを巡らせていた、その時です。とつぜん聖徳太子とお供の一行が陣営の前をお通りになりました。

「おぉー、太子さま! 聖徳太子さまではござりませせぬか!」

信長は太子の一行を引き止めました。

「いかにも、そうですが……。わたくしはこれから押立山《おしたて》の麓《ふもと》の百済寺までまいるところです。して、何用《なによう》でしょう?」

太子が尋ねられました。

「お頼《たの》みしたき儀《ぎ》がござりまする。太子さまが同道のお馬は、天空をも駆けると伝わる甲斐の黒駒と、天津速駒とお見受けいたします。そのどちら

のお馬でもよろしゅうございまするゆえ、しばしそれがしにお貸しくださ
れませぬか。いいや、いくらの値《あたい》であってもかまいませぬ、お譲りくだされ」
信長は太子に頼み込みました。
太子はしばし思案をされていましたが、
「わたくしの馬を所望《しょもう》とのことですが、はたしてあなたは、これらの馬を
乗りこなせましょうや？」
と問われました。
信長は間髪《かんはつ》を入れずに、
「わたしは幼少のみぎりより、如何なる荒馬《あらうま》をも裸馬《はだかうま》で乗りこなしてまい
りました。さようなご懸念《けねん》は無用《むよう》でござりまする」
と胸をはりました。
「ほぉー、そうですか。ならば、わたくしの馬に騎乗《きじょう》なさり、この街道を
百済寺まで、わたくしと馬かけくらべをいたしませんか。あなたが勝てば
望まれる方の馬を差しあげましょう」
「それは、ありがたきことよ。ならばわたしは、東天《とうてん》の彼方《かなた》へ駆けのぼり
富士山頂《ふじさんちょう》から信濃《しなの》を駆け巡ったと伝え聞く、甲斐の黒駒を所望《しょもう》いたします」

信長は太子の愛馬・黒駒の手綱《たづな》をとりました。そして、そばにいた家臣の明智光秀に、

「光秀、即《そく》、百済寺へ行《い》け。寺の赤門《あかもん》が決勝地点じゃぞ。余《よ》と太子さまのどちらが勝者《しょうしゃ》か、しかと審判《しんぱん》いたせ」

と命じて、光秀を一足先《ひとあしさき》に百済寺へ出発させました。そして、

「して、太子さまは、どのお馬に？」

と信長は尋ねました。

「あなたは、わたくしの甲斐の黒駒を選ばれましたね。では、わたくしは、あなたの愛馬・小鹿毛《こかげ》をお借りいたしましょう」

太子はそう仰せになりました。織田信長には連銭葦毛《れんせんあしげ》・小雲雀《こひばり》・遠江鹿毛《とうとうみしかげ》・星河原毛《ほしがわらげ》・小鹿毛などの名馬が数多くおり、そのなかでも信長がもっとも好んだのは馬揃《うまぞろ》えの時にもまず一番に騎乗する、小鹿毛でした。

やがて小鹿毛に騎乗された太子と甲斐の黒駒に騎乗した信長が、東方の押立山の麓《ふもと》に建つ百済寺に向かって、太子街道に馬の鼻《はな》づらを横に揃えて並びました。この街道は愛知川村から東円堂《とうえんどう》村・平居《ひらい》村・畑田《はたけだ》村・押立《おしたて》神社の裏を通り抜け、中一色《なかいっしき》村から大沢《おおさわ》村に通じており、距離にして約二里

半（一〇キロメートル）です。いくら名馬といっても信長の小鹿毛は地上を駆ける馬、それにひきかえ太子の黒駒は天空を駆け巡る神馬です。

「これで勝ったも同然じゃ。勝負にならぬわ」

信長はほくそ笑みました。勝てる勝負とわかると欲が出て、太子にもう一つ注文を付けました。

「この馬かけくらべで、わたしが勝てば、この街道の呼び名を『信長街道』と変えさせていただきたいが、如何《いかが》？」

太子はにっこりされ、「いいでしょう」と頷《うなず》かれました。

ただちに、信長は家臣の木下藤吉郎秀吉《きのしたとうきちろうひでよし》（後の豊臣秀吉）を呼び寄せて、

「サル！　出発の号砲《ごうほう》を打て」

と命じました。

秀吉はただちに空砲の銃を用意させ、それを受け取ると、銃口を空に向けました。

「それでは、ご出発のごよういを」

どーん！　と銃声が轟《とどろ》きました。二頭の馬が駆けだしました。と、そのとたん、太子が乗られた小鹿毛が、ふっ、と信長の視界から消えました。

「およッ、はやくも小鹿毛を引き離したか！」

信長は自信満々で甲斐の黒駒の手綱をあやつって天空を飛び、瞬《またた》く間《ま》に、決勝地点の百済寺の赤門につきました。ところが赤門に、光秀の姿がありません。

「先に行かせた光秀をも追い抜いたようじゃ。これでは審判の役目は果たせぬ。後《あと》からのこのこと来よれば、叱りつけねばならぬわ。これでわしの勝ちじゃ、わっはっはー」

と大笑いしたのもつかの間です。本堂の方から明智光秀が、太子の騎乗する小毛鹿の手綱を引いて、現われたではありませんか。

そうして、太子から、

「ずいぶんと、時《とき》をおかけになりましたね」

と言われ、明智光秀には、

「上さまが決勝地点をお間違いになられたのかと、探しておりました」

と上申されてしまい、信長は、カッと、頭に血がさかのぼり、

「馬鹿モン！　この赤門が決勝地点だと言うた以上、間違うわけがなかろう。何をボヤボヤしておったのじゃ」

と怒鳴《どな》りちらしたあげく、光秀を足蹴《あしげ》にしました。役目を果たした忠臣に対し、その仕打ちは余《あま》りにも乱暴で短慮《たんりょ》。聖徳太子は、

「むげな行いはなりません。仏道《ぶつどう》を尊《たっと》び、世を西方浄土《さいほうじょうど》に導くのが覇者《はしゃ》になられようとする、あなたの今後のミチですよ」

と諭《さと》されました。


それから数年が経《た》った、ある日のことです。信長に攻められて観音寺城から逃走したはずの六角承禎がいつの間にか、東近江の鯰江城《なまずえ》（現・東近江市鯰江町）に入り込んで城の四周の寺々や村人を扇動《せんどう》し、一揆をおこして信長軍に反抗しているのを、信長は知りました。しかもこともあろうに、聖徳太子の創建で織田家一生の菩提《ぼだい》寺と崇《あが》めていた百済寺が、敵方の鯰江城に兵糧米《ひょうろうまい》を運び入れたり、城の女や子どもたちを寺の一室に匿《かくま》って、信長軍との合戦の準備に加担《かたん》していると言うではありませんか。織田信長は烈火《れっか》の如くに怒り、

「太子に馬かけくらべで口惜《くちお》しい思いをさせられたうえに、余《よ》の深き信心を逆手にとりおった百済寺の許しがたき、この行状。仏罰などなにあろう、

比叡山《ひえいざん》焼き討ち同様にしてしまえ」と、三百坊（一説には千坊とも言われている）あった百済寺の諸堂の全てを、焼き払ってしまったのでした。

明智光秀は、これを知り、激怒《げきど》しました。

「聖徳太子さまに諭されたこともあろうに太子創建の名刹《めいさつ》をことごとく焼き払い、しかも寺の僧侶はおろか、鯰江城の戦禍《せんか》を避けて逃《のが》れてきた女、子ども、年寄りに至るまで殺戮《さつりく》の限りをつくすとは、まさに鬼《おに》、畜生《ちくしょう》にも劣る行い。わが君主とはいえ、かような酷《むご》い仕打ちは許せぬ」と、天正《てんしょう》十年（一五八二）六月二日、京の本能《ほんのう》寺で信長を討った要因の一つになったとも言い伝わっています。

注1・百済寺

百済寺は湖東三山のひとつで、推古十四年（六〇六）に聖徳太子の勅願で高句麗の僧・恵慈《えじ》と百済の僧・道欽《どうきん》を招いて百済《くだら》の龍雲寺を模して創建されたと伝えられています。この湖東一帯は、渡来人の秦氏一族が住み繁栄した土地で

「渡来人の里」とも言われ、百済寺は寺名が物語るように、これら一族が建立したものと思われます。百済寺の最初のご本尊は渡来人がもちこんだ一寸八分の小さな持仏でしたが、人々の信仰が集まるにつれて大きなご本尊になり、寺領もだんだん大きくなって平安時代に天台宗になりました。鎌倉時代から室町時代の最盛期には僧坊三百坊、寺域内に千三百人が住んでいたと言われています。七間四面の本堂、五重塔婆、常行三昧堂、阿弥陀堂、太子殿、二階堂、大聖院、五大力堂、愛染堂、長徳殿、三所神殿、鐘楼、経蔵、楼門、回廊、東谷に薬師堂、南谷に阿弥陀堂、閻魔堂、光浄院、鯰江堂、西谷に曼荼羅堂、北谷に地蔵堂、西大門に日吉十禅師、東大門に八幡白髭社、不動堂、北坂に大行事社など、山奥の大萩には不動明王堂、旧の湖東町の読合堂村、僧坊村にまで至り、一説には千坊あったと言われる大寺院でした。寺は、室町時代後期の明応七年（一四九八）に建物のすべてが失火で焼失。さらに五年後の文亀三年（一五〇三）、再建途中に応仁の乱から始まった戦乱で諸堂のほか門前町の民家までが、焼失しました。さらに天正元年（一五七三）、織田信長の焼き討ちにあい、全山すべてが焼失しました。江戸時代に入り天海大僧正の高弟・亮算《りょうさん》が住職になり、彦根藩主・井伊直孝や甲良豊後守宗廣らの援助で復興、現在の本堂や仁王門などが整いました。ところがその後の元文元年（一七三六）にも、失火で焼失、蝋燭や油を使う照明がその火元だといわれています。現在、本坊の喜見院の天下遠望の庭園は池泉回遊式で樹木の中に変化に富んだ石組みの閑雅な庭です。ここからの湖東平野の眺望は湖東三山随一と言われています。

〈お婆のかたり〉

いくさの強《つよ》い織田信長《おだのぶなが》ちゅうらんぼうもんが、東近江《ひがしおうみ》にせめてきよってな。

「わしにあらがわへんちゅう村《むら》は、三人《さんにん》の人質《ひとじち》をだせい。ださへん村《むら》はむちゃくちゃにするで」

と脅《おど》してきたのやけんど、伊庭村《いばむら》の人《ひと》らは、

「ださへん」

と反対《はんたい》しやはったんや。

ほやけんど村長《むらおさ》の助右衛門《すけうえもん》ちゅうひとだけが、信長《のぶなが》のはんまの強《つよ》さを知《し》ってはったので、

「なんぼ信長《のぶなが》にはんこうしたかて勝《か》てへん。ぼやぼやしてたら村《むら》は、わや（ダメ）にされる」

と考《かんが》えやはって、反対《はんたい》するひとらを諌《いさ》めるために、じぶんの子どもを三人《さんにん》も人質《ひとじち》にださはって、

「わしらの村《むら》にははんたいするもんはいやへん」

と書置《かきお》きをしやはって、自分《じぶん》の腹《はら》をかき切《き》って死《し》んで、伊庭村《いばむら》を救《すく》わはったのやて。

伊庭を救った助右衛門

織田信長《おだのぶなが》は天下統一の野望を果たさんがために近江の守護《しゅご》・佐々木六角《ささきろっかく》承禎義賢《じょうていよしかた》を攻略したものの、近江には浅井《あざい》の残党や一向一揆《いっき》など、信長に反抗する者いまだに多くいました。特に一向一揆は本願寺の法主《ほっす》・顕如《けんにょ》が出した檄文「仏に帰依《きえ》し南無阿弥陀仏《なむあみだぶつ》を唱えれば、たとえ悪人たりとも全ての人が極楽浄土に成仏《じょうぶつ》できる。仏敵《ぶってき》・信長と断固戦え」に呼応《こおう》して、「進めば極楽《ごくらく》、退けば地獄《じごく》」の筵旗《むしろばた》を先頭に南無阿弥陀仏を唱えて女や子どもたちまでもが、殺されても斃《たお》されても、その屍を乗り越えて信長に刃向かうのでした。この一揆の犠牲者は加賀・伊勢・近江地方で延べ十万人を超え、日本史上において最大規模の虐殺《ぎゃくさつ》であったといわれています。

信長もこの反抗には、ほとほと手を焼いていたとみえ、そんな勢力を防止するため、

「天下平定に当たり、我に反抗する村落《そんらく》は攻《せ》め滅《ほろ》ぼすべし」

と布告《ふこく》をして、

「反攻無き村落は、三人の人質《ひとじち》を出せ」

と恭順《きょうじゅん》の証《あかし》を求めてきました。

伊庭村では、信長のこの要求に大騒動になりました。

「観音寺城は、すでに落とされたのや。こうなっては誰も村を守ってはくれへん。長《なが》きに巻かれるのも、しょうがないやんけえ」

と信長に恭順すべきの意見もでましたが、伊庭村住民のほとんどが顕如の教えを崇拝《すうはい》しており、古《いにしえ》より観音寺城の被官《ひかん》も多く住して佐々木六角家とは密接な関係にありました。

「鎌倉《かまくら》の御世《みよ》から今日《こんにち》までの長きにわたり、はかりしれない恩義がある。観音寺城が落ちたとはいえ、未だに佐々木のお殿《との》さんは鯰江《なまずえ》城（城主・鯰江貞景）に籠城《ろうじょう》しなさって、門徒《もんと》の者《もん》といっしょになって戦っていやはる。わしらも結束《けっそく》せなあかんがな」

「寺を焼きたおいせ（たおして）は、門徒を皆殺しにする信長なんぞの言うことなんか聞けるもんかい。本願寺の顕如上人さんも言うてやはるやんかい。信長は仏敵《ぶってき》や、あんな奴に従《した》ごうたら地獄行きや。仏敵信長に反抗して殺されたかて、必ず来世《らいせ》は極楽にいけるのでな」

「ほれに三人もの人質を出《だ》いさかて、どないなることやら。なんでも美濃《みの》の金華城《きんかじょう》の牢屋《ろうや》にぶち込まれた人質は、みんな飢死《うえじに》さしとるとの噂や。これぞ、まさに地獄や、従うべきではないほん」

という意見に、

「ほうや、ほや！」

と村人の大半が賛同《さんどう》していました。

伊庭村の村長《むらおさ》・助右衛門《すけうえもん》は、ほとほと困り果ててしまいました。村人の意《い》に従って信長に反攻《はんこう》すれば、人家も田畑も焼きはらわれて皆殺しにされます。さりとて村人の意に反し、独断《どくだん》で信長に恭順を示すわけにもいきません。助右衛門は心労《しんろう》で夜も寝られず、食事もノドが通らない日々が続いていました。

「佐々木氏に恩顧《おんこ》があるのはわかる。だが既《すで》に、時代は変わった。日の出の勢いの信長に逆らっては、村は壊滅。ほれでは元も子もない」

助右衛門はそう心に決めてはいましたが、それに反対する村人の大多数をまとめることは、とてもできる状況ではありませんでした。

すでに近隣の村々は、信長の意に従ったと聞く。短気な信長のことや、いたずらに返答を引き延ばせば「伊庭村は恭順の意思がない」と判断して、いつ何どき、「焼き払ってしまえ」と命じてもおかしくはない。それだけは絶対に避けねばならぬ――

そう決意した助右衛門は、

「村人の意を全てまとめるには、これしかない」

と、元亀《げんき》元年（一五七〇）十一月十三日、

「伊庭村は反抗の意は全くございません。自分の三人の息子を人質に差出しますので、領民の安泰をお願いいたします」

と信長に訴えて割腹《かっぷく》自殺を遂げました。

そして今一つ、生前の助右衛門には気掛りな村の事情がありました。当時の伊庭村は湖辺にありながら田用水《でんようすい》や生活用水《せいかつようすい》に乏しく、日ごろから伊庭川と山路川のカットリ（分水点）をめぐり「破った、破っていない」などの争いが山路村（現・東近江市山路町）との間で度々発生していました。助右衛門はその解決に奔走中《ほんそうちゅう》でもあったのです。それが心残りで死に際し、その一件を織田信長の裁量に託す書状を残していました。助右衛門には三人の息子がいましたが、惣領《そうりょう》（長男）はわずか十歳になったばかり、幼い実子《じっし》を三人も人質にだし、自《みずか》らは割腹して、村人の命と水利を守ろうとした助右衛門に、「ほこまでして、わしらと、この村の安寧《あんねい》を計ってくだはったのか」

村人は涙しました。それ以降、村人は助右衛門の決断に従い、信長へ反攻の意思を唱える者はまったく無くなりました。

これを知った織田信長は、助右衛門の義《ぎ》の心に深くうたれ、「不惜身命《ふしゃくしんみょう》、武士にも劣らぬ行ない。あっぱれじゃ、願いの儀《ぎ》のすべてを聞き届けようぞ」と確約しました。

それからしばらくした天正《てんしょう》元年（一五七三）九月四日、佐々木六角承禎最後の砦となった鯰《なまず》江《え》城も落城し、佐々木六角氏は滅亡《めつぼう》しました。

助右衛門は自らの身を投げ打って村人の命と財産を守り、村の水利と二百余町歩の田畑《でんばた》の干害をも救ったのです。この伊庭川は四百五十年が経った今も、とうとうと流れて村を潤《うるお》しつづけています。

また、今回の取材で下記の通りの「諸役御免」の古資料を目にする機会がありました。助右衛門がその当時、村長であったかどうかは、その資料から伺い知ることができませんでした。なお、助右衛門没後四百年目の昭和四十六年（一九七一）、伊庭村の正厳寺《しょうごん》に顕彰碑が建てられました。

「開けずの箱に残された諸役御免」の古資料

今度　信長様へ進上申候人質三人之内、与兵衛以外相煩、相詰申儀不成付而々かわりの儀かねい候へ共、誰々も可参と申者無之候処、助右衛門尉可参由申候、惣中へ別而忠節無是非候、然者与兵衛ニ相除候万さう公事之儀、其方へ相除候間、永代諸役仕間敷候、為其為惣代代重而令加判遺候条、聊以不可相成違候、仍如件、

元亀元年　　十一月十七日

東新左衛門尉
□徳（花押）
河原崎弥右衛門
家吉（花押）
川村新左衛門尉
吉盛（花押）

〈お婆のかたり〉

毎年《まいとし》梅雨《つゆ》になるとね、琵琶湖《びわこ》の竜宮《りゅうぐう》に住《す》む竜《りゅう》が愛知《えち》川《がわ》をさかのぼって萱尾大滝神社《かやおおおたきじんじゃ》のビワの実《み》と、子どもの生肝《いきぎも》を食《た》べに行《い》くのや。

ほんで川の辺《はた》の村《むら》は子どもらを河《かわ》に近付《ちかづ》けやらへん。ほうすると竜《りゅう》は河口《かこう》の大洲村《おおすむら》を洪水《こうずい》にして子どもをおそうのや。

困《こま》らはった村人《むらびと》は行基菩薩《ぎょうきぼさつ》さんにいかい仏《ほとけ》さんをこしらいてもらわはって、祀《まつ》らはったんや。

ほうしたら災難《さいなん》は無《の》うなったのやが、ある日《ひ》、織田《おだ》信長《のぶなが》ちゅうらんぼうもんのお殿《との》さんが寺《てら》を燃《も》やしにきよったので、村《むら》の人《ひと》らは仏《ほとけ》さんを池《いけ》にはめて隠《かく》さはったんや。

ほしたらまた災難《さいなん》がおこりだしてな、もとのもくあみや。

村《むら》のひとらがこまってやはると、池《いけ》の中《なか》からきんいろのひかりがさいたのや。

ほれで、あそこに阿弥陀《あみだ》さんがいやはるとわかって、池《いけ》からあげはると、村《むら》の災難《さいなん》は無《の》うなったのや。

ほんで村《むら》の名前《なまえ》を阿弥陀堂村《あみだどうむら》にかえやはったんやて。

阿弥陀堂村

琵琶湖《びわこ》の竜宮に住む竜は、ビワの実が熟する梅雨時《つゆどき》になると、愛知川《えち》を遡《さかのぼ》って畔《ほとり》の村々を襲うのでした。というのも竜は年に一度、萱尾村《かやお》（現・東近江市萱尾町）の大滝神社《おおたきじんじゃ》のビワの実と、子どもの生肝《いきぎも》を食べないと生きられないからでした。今年も、その季節がやってきました。愛知川畔《べり》の村々では、

「増水した河の堤防に子どもが近づくと、竜がプーッと水を吹きかけ、河に引き込んで生肝をとって食べよる。子どもらを河のそばに近寄らさんようにせなあかんな」

と、警戒していました。

すると、川はますます増水し、水はいつまでたっても引きません。それでも生肝が取れないと、竜は河の堤防を破って大暴れするのでした。

大洲村《おおすむら》は、琵琶湖に流れ込む愛知川の河口の三角州《さんかくす》にありました。三角州とは、上流から流されてきた土砂が堆積《たいせき》してできた三角形の陸地を言います。竜は愛知川上流で生肝が取れないと、河口の大洲村を洪水にし、村のかたちが変わるほど土砂を押し流して人家を襲うのでした。

この年は豪雨が幾日も続きました。

「どうやら今年は、上流で生肝が取れへんかったみたいや」

村人の不安が募《つの》りました。

「このままでは、洪水になるぞ」

村人は降り続く長雨と荒れ狂う愛知川を目《ま》のあたりにし、不安は募るばかりです。ますます河は増水してきました。

と、その時です。

「ヒエーッ、堤防が破れそうや」

見回りをしていた若衆《わかしゅう》が、血相を変えて、村に駆け戻ってきました。大洲村では大騒動になりました。

と、そこへ、ひとりの僧が通りかかりました。その僧は近郷近在の村人から「行基《ぎょうき》さん」と呼ばれていました。奈良の菅原《すがわら》出身で寺には定住せず、畿内を中心に仏法の教えを説きながら河川の改修や溜池の築堤を指導し、人々に「今菩薩」と崇拝されている高徳傑僧でした。先日も、東近江の蛇《へび》溝村《みぞむら》（現・東近江市蛇溝町）で、若い女を攫《さら》う大蛇《くちなわ》を退治された、と評判になっていました。

「竜が暴れて大洪水を起こし、この村を襲って子どもをさらい、生胆をとろうとしております。何とぞ、この難渋をお助けくださいませ」

村人は行基の衣のスソにとり縋《すが》り、口をそろえて頼みこみました。すると、行基は右手に持った錫杖《しゃくじょう》をトントンと地に打ち鳴らして呪文《じゅもん》を唱えだしました。と、不思議なことに、今にも切れそうな堤防が盛り上がり、荒れ狂っていた愛知川の流れも徐々に鎮まっていきました。

そうして行基は、御丈《みのたけ》四尺八寸の阿弥陀仏坐像を彫造すると、

「この阿弥陀仏をお祀りなされば、かような災難もなくなり、村はますます栄えることでしょう」

その仏を村人に授けました。

村人はお堂を建てて親縁山光照寺《しんえんざんこうしょうじ》と称し、その阿弥陀仏をお祀りしました。するとそれ以降、大洲村では子どもが攫《さら》われるという災難はなくな

りました。

ところが元亀《げんき》元年（一五七〇）のこと、大洲村の親縁山光照寺は周囲の寺々と共に信長軍に反攻したため、ついに寺に火をかけられてしまいました。

「行基菩薩さんの阿弥陀さんを燃やいさらあかん。お救いするのや」

信者は阿弥陀仏を抱えて炎に包まれた寺から避難させようとしました。

その様子を察知した信長軍は、

「あれは行基菩薩が彫った光照寺の本尊ぞ。奪《うば》ってお館《やかた》（織田信長）さまに献上するのじゃ」

と、阿弥陀仏をかついで逃げる僧や村人を追ってきました。

「もはや逃げられぬ。だが、この仏だけは何としてもお守りせねばならん」

村人たちは仏をかついだまま、目の前の「堂ヶ池《どうがいけ》」に飛び込みました。堂ヶ池は光照寺前にあり霊水が自噴している池です。池に飛び込んだある者は、溺死し、ある者は信長軍につき殺され、阿弥陀仏はそのまま水中に沈んでしまいました。そして、光照寺もことごとく信長軍によって焼失し、やがて霊水がコンコンと湧き出ていた「堂ヶ池」も荒れ放題になり、時の流れとともに池に沈んだ阿弥陀仏のことも村人の記憶から消え去ってしまいました。

それから八十数年が過ぎた、慶安《けいあん》五年（一六五二）のある日のことでした。長雨が続き、大洲村は洪水に見舞われました。

「行基菩薩さんがこしらえてくだはった阿弥陀さんの行方が知れんようになってもうてから、以前《むかし》のように洪水が発生するようになってしもた。困ったことや」

大洲村の村長《むらおさ》が嘆きながら村の被害を調べていると、堂ヶ池の中ほどから紫雲《しうん》がもくもくと立ち上がり、水面がキラキラと輝きだしました。

「むかしは清くてうつくしい水が湧きだいせた立派な池やったそうやけんど、今では泥池で見るかげもあらへんのに、なんでこんなところから光がさすのやろうか……？」

と不思議に思っていると、その夜、村長の夢枕に阿弥陀仏が立ち、

「長い間、堂ヶ池に沈んで苦しんでいます。救い上げてくれぬか」

と、お告げがありました。

翌朝、村長は村人を伴って堂ヶ池の中を捜しました。そして、池の底の泥に埋まっている大きな阿弥陀仏を見つけました。

早速《さっそく》、村長は御堂を建て、その阿弥陀坐像を村の守り仏としてお祀りしました。するとそれ以降、大洲村では川の氾濫が、無くなりました。

やがて大洲村は、「行基菩薩さんが彫られた霊験あらたかな阿弥陀さんのお堂のある村や」と人々から言われるようになり、村名も「阿弥陀堂村《あみだどう》」（現・東近江市阿弥陀堂町）と呼び変えられるようになりました。

注1・大滝神社のビワの実

愛知川ダムができるまでは萱尾村の大滝神社のそばに大滝があり、その滝に若者が飛び込む「滝とび祭り」が開催されていました。また、神社の境内にはビワの古木があり、実がみのる季節になると琵琶湖に住む竜がそれを食べに来ると伝承され、一夜でごっそりとビワの実が無くなると噂されていました。が、人もこの実を食べると長生きするとの伝承もあり、それを信じた人が盗んでいったのかもしれません。

〈お婆のかたり〉

垣見城《かきみじょう》のお殿《との》さんがね、織田信長《おだのぶなが》ちゅういくさの強《つよ》いお殿《との》さんに攻《せ》められて自害《しな》はる前《まえ》に、一歳《いちさい》になったばっかしの息子《むすこ》さんを親しくしてやはった仙台《せんだい》のお殿さんの元《もと》へ逃《のが》さはってな。

ほうして大人《おとな》にならはったほの息子《むすこ》さんが虚無僧姿《こむそうすがた》にならはって垣見《かきみ》にもんてきやはって、城跡《しろあと》の「垣見ヶ池《かきみがいけ》」のそばで尺八《しゃくはち》を吹《ふ》かはったんや。

ほうしたら、「自害《じがい》しやはったお殿《との》さんが吹《ふ》いてやはった曲《きょく》や」と、村《むら》の人《ひと》らが集《あつ》まってきやはるようになったんやけんど、

ほれからしばらくしたら虚無僧《こむそう》がいやはらんようになったので、

「きっとあのいそ（あの人）は、この池《いけ》にはまって死《し》なはったのや」

と噂《うわさ》がたってな。ほれから、この池《いけ》を「虚無僧池《こむそいけ》」と呼《よ》ぶようになったのやて。

垣見虚無僧池

織田信長が大軍をひきいて東近江に侵攻してきた時のことです。信長軍の猛攻に恐れをなした近江の守護・佐々木六角承禎は、戦意を失い、夜陰に紛れて甲賀《こうか》に逃げてしまいました。すると、長期戦を覚悟して城の構えを厳重にしていた近江十八城の城主たちも、主家の逃走によって戦う大義を失い、次々と信長に投降していきました。

そういう情勢の中で、佐々木六角氏の被官《ひかん》の一人だった垣見城《かきみじょう》城主・永田《ながた》守《のかみ》栄俊《ようしゅん》は武門の意地を貫いて最後まで信長軍に抵抗していましたが、奮戦《ふんせん》するも武運つたなく、大軍に囲まれ落城寸前に追い込まれてしまいました。もはやこれまでと察した栄俊は、将兵たちを城中に集めると、

「皆の者、よう働いてくれたが、もはや武運はつきた。皆は必ず生きのびてくれ、今生《こんじょう》の別れじゃ」

と言い置き、一歳になったばかりの一子俊海《しゅんかい》を密かに家臣の一人に託

して、仙台の伊達正宗公《だてまさむねこう》のもとに落ち延びさせました。そして、将兵の身の安全を条件に合戦の責《せめ》をひとりで負って織田信長軍に投降、自害しました。

それから十五年の年月が経ち、戦乱の世もようやくおさまって、豊臣秀吉《とよとみひでよし》が天下人《てんかびと》になっていました。そんなある日のこと、元服を迎えるまでに成長した俊海は、生れ故郷の垣見（現・東近江市垣見町）が恋しくなり、伊達政宗公に、

「近江の垣見に行き、城を枕に死した父上の菩提を弔いたいと思いまする」

と帰郷の許しを請いました。

「さもあらん、行くがよい」

伊達正宗公の許しを得た俊海は、虚無僧姿《こむそうすがた》に身をやつして、故郷の垣見に戻ってきました。ところが垣見の里は、家臣から聞いていた昔の面影などまったくありません。落城から十五年の歳月がすぎたというのに、城跡にはガレキが折り重なり、雑草におおわれて荒れ果てたままでした。

「おお、落城とは……、なんと酷《むご》いものよ」

俊海は落胆しましたが城跡のそばの「垣見ヶ池」だけは、俊海を落延びさせた家臣から聞いていた通り、清い水が自噴《じふん》してハリヨ[注1]が群れ、流れ出る小川の水面には梅花藻《ばいかも》が咲き乱れていました。

「きっとこの泉のハリヨは父上の生まれ変わりであろう」

俊海は城跡に向かって父の形見の尺八を吹きました。その調べは、父の栄俊が生前に好んで吹いたものでした。

夕暮れにそよぐ風に運ばれて、突然、垣見《かきみ》の里（現・東近江市垣見町）に尺八《しゃくはち》の音《ね》がながれてきました。

「おお、胸の辺りがキュッと締めつけられるような、もの悲しい調べや」

「この調べは、織田信長に攻め落とされて自害なされた大殿さんが好んで吹いていやはった曲や。誰ぞが、むかしを懐かしんで吹いているのやろう。この里の者《もん》なら誰もが、大殿さんの尺八に聞き惚れておったからな」

「ほれにしても、この里に、あんだけうまく大殿さんの曲を吹ける者はいやへんはずやのに、はて、誰が吹いているのやろう？」

「確かめに行ってみよう」

里人はそう噂しながら、続々と、落城跡へ向かいました。

すると、城跡そばの垣見ヶ池の畔《ほとり》に立つ一人の虚無僧が、尺八を奏《かな》でていました。朗々と吹くその音は、もの悲しくもあり、また力強くもあり、時には戦人たちの雄叫びにも聞こえてきました。

里人たちは、身じろぎもせずに聞き入りました。その里人の中にひとりの翁《おきな》がいました。翁は尺八の音を聞きながらこんな出来事を思い起こしていました。それは垣見城が落城する前夜のことでした。夜陰にまぎれて赤子を抱いた一人の垣見城の武者が、村長《むらおさ》だったその翁の屋敷に忍び込んできました。

「先ほど、大殿さまが御生害《ごしょうがい》あそばされ、垣見城は落城とあいなった。この幼子《おさなご》は大殿さまの忘れ形見、俊海さまじゃ。それがしが一命に変えて、この若君をお守りし、仙台の伊達政宗公の元へ落ちのびねばならぬ。まずはその策《さく》をこうじてもらいたい」

と落ち武者に頼まれ、翁は地元の者しか知らぬ間道に案内したのでした。

この虚無僧があの時の若君ではあるまいか、いや、そうにちがいない――翁の胸がときめきました。

尺八の音が、しばし止みました。

その時を見計らって、

「おおー、なつかしや」

翁はそう言いながら池の端にたたずむ虚無僧のそばに近寄り、

「わたくしどもは、垣見の里の者でございます。もしや、あなたさまは、今は亡き垣見城の大殿さまの忘れ形見、俊海さまではござりませぬか?」

と尋ねました。だが、虚無僧は一礼をしただけで何も語らず、再び、尺八を奏ではじめました。


それから幾日か過ぎたある日を境に、この虚無僧は二度と城跡に姿を現《あら》わさなくなってしまいました。

「奏でられたあの調べといい、立《た》ちい振舞《ふるま》いといい、お顔こそ見えなかったが垣見城の大殿さまに瓜二つではないか。きっと、あの方は仙台に落ち延びられた俊海さまにちがいない」

と里人は噂しました。やがて、垣見の里では、

「あの虚無僧は、この垣見ヶ池で入水自殺をしやはった」

との噂がたちました。

その後、この垣見ヶ池は「虚無僧池」と呼ばれるようになり、今にその姿を残しています。

注1・ハリヨ

ハリヨは体にトゲをもつトゲウオ科のなかまです。水草などで巣をつくって、子どもを育てるのが、大きな特徴です。また、温度の高いところでは生きていけません。しかし夏の冷たい湧水が少なくなり、いまでは、滋賀県と岐阜県の一部しか住んでいません。そしてこのままだと、自然のハリヨがいなくなってしまう心配もあります。数が少ないうえ、ハリヨが住む最も西の地域が能登川なのです。だから能登川のハリヨは大変大切な生き物であり、能登川の宝物だといえます。

（能登川町立博物館の解説より）

〈お婆のかたり〉


婆《ばあ》ちゃんの子《こ》どものころや。

悪《わる》さをしたり親《おや》のいうことを聞《き》かんかったりすると、「ガオウが来《く》るで！　ガオウにどっかへつれていかれるで」と脅《おど》されて、おとなしくなったもんや。


ほのいわれはな、種村《たねむら》のお城《しろ》のお殿《との》さんがね、主人《あるじ》の佐々木《ささき》のおお殿《との》さんに、

「織田信長《おだのぶなが》には勝《か》てへん。従《したが》うべきや」

といわはったら、

「おまいはどっちの味方《みかた》や。信長《のぶなが》のまわしもんか」

と佐々木のおお殿《との》さんが怒《おこ》らはって、

「家来《けらい》の蒲生軍《がもうぐん》に、おまいを攻《せ》めさす」

といわはったのやて。

ほしたら種村《たねむら》の人《ひと》らはいくさのつよい「ガモウが来《く》るぞ」と大騒《おおさわ》ぎや。

ほれがいつのまにやら訛《なま》ってもて、

「ガオウが来《く》るぞ」

といわれるようになったのやて。

ガオウが来るぞ

天下布武の野望を抱く織田信長が、将軍の座をねらう足利義昭《あしかがよしあき》を伴って上京してきた時のことです。信長は近江源氏《おうみげんじ》の名門で東近江を領有していた観音寺城城主・佐々木六角承禎のもとへ使者を送りました。用向きは、「次期将軍の足利義昭公が上洛されるゆえ、領地内通行の許可と協力支援を請う」というものでした。

六角承禎は当初、

「尾張の成り上がり者がッ」

と歯牙《しが》にも掛けずに無視を決め込んでいましたが、足利義昭公の親書を添えての要請だと聞いて、

「当家家中を集めて審議《しんぎ》いたすゆえ、しばしお待ちくだされ」

との返事を使者にもたせて帰しました。そして東近江の支城を預かる領主たちを集めて重臣会議を開きました。だが、すでに、六角承禎は京の三《み》

好三人衆《よしさんにんしゅう》や松永久秀《まつながひさひで》らと将軍職継承順位で劣る足利義栄《よしひで》公を第十四代将軍の座に推挙、決定させていた手前、苦虫を噛み潰したように顔をゆがめて、

「信長奴《め》は足利義昭公を次期将軍に奉じて上洛すると、我が領地の通行の許可と支援を求めてきよったわ。皆はどう思うか」

と重臣たちに尋ねました。すると、

「もはや次期将軍は義栄公と決定ずみ、信長など一歩たりとも我が領地を踏ませるものではない」

「尾張の成り上がりが如何ほどの者ぞ。居丈高《いたけだか》に我が領地を踏みにじることあらば、弓矢に物を言わせるまでのことよ」

「わけのわからぬ、うつけのいうことなど聞けぬわ！」

「そうじゃ、そうじゃ」

重臣会議の場は、「通すべきでない」の意見で満ちあふれました。

とその時、重臣のひとり、種村高成《たねむらたかなり》がその場にすっくと立って、

「織田信長は決してうつけ者ではござらん、凄まじい戦《いくさ》の鬼神《きしん》でござる。それが率いる尾張の軍団を見くびってはなりませぬぞ」

声高に意見を述べました。高成は六角政頼の次男・伊豆高成が種村氏を

称したのを祖とし、観音寺城の支城の一つ、種村城を居城としている重臣のひとりでした。たちまち評定の場は騒然となり、高成に非難の声が飛び交いました。

「御身《おんみ》は六角家の一族でありながら信長なんぞを擁護《ようご》する、さような物言い、何ゆえあってか」

重臣のひとりが食って掛かりました。高成は、

「今までの信長軍の戦いぶりを、皆も御存じでござろう。それに我が家中は先の内紛[注1]以来、家臣の結束は甚《はなは》だつたなく、もし戦《いくさ》にでもなれば、今の佐々木六角家では太刀《たち》打《う》ちできませぬぞ。そのような事もわからぬようでは重臣としての勤めもはばかられまするなッ」

血相替えて意見しました。その内紛とは、佐々木六角家当主・六角承禎義賢《よしかた》の嫡子義治《よしはる》が日頃からうとましく思っていた忠臣の一人を謀殺《ぼうさつ》するという事件でした。それを切掛《きっか》けに、家中の結束がいちじるしく乱れていました。おもてむきは何とか治まったものの、その火種はいまだにくすぶり続けています。

「な、なんという申され方じゃ。吾《われ》ら重臣をうつけ揃《そろ》いとでも言われるかッ」

重臣たちは怒気もの凄く、高成に詰め寄りました。

六角承禎も、

「いかに身内といえども言葉が過ぎるぞ。よもやその方《ほう》、信長の回し者になりさがったのではあるまいなッ」

と高成を睨みつけました。

高成はよほど腹に据《す》えかねたのか、顔を真っ赤にして、

「殿も殿なら、家臣も家臣じゃ。今、信長に従《したが》わなくば、佐々木六角家は滅びるというに。ええーい、このような評定で時を過すは無駄というもの。これにて退出いたす」

と吐き捨てるように言い、荒々しく評定場をあとにしました。

ところが評議は、種村高成の意に反し、

「信長如き田舎悪党の通行、まかりならぬ」

と決定してしまいました。しかも種村高成の評定場での言動に不審を抱

いた六角承禎は、密かに、家中随一の軍事力を誇る日野の蒲生《がもう》賢秀《かたひで》・氏郷《うじさと》親子を呼び寄せ、

「種村高成は、織田信長に気脈《きみゃく》を通じておる。討て！」

と命じました。

いかに密命とはいえ、壁に耳ありの例えのごとく、日野の蒲生家の動きの怪しいことは、すぐに種村高成の耳に届きました。そこで城内では、非常事態に備えての準備が開始されました。

日を追うごとに、城の様子がおかしくなっていくのを領民たちも勘《かん》づき、

「お城で何事かが起ったに違いない」

「ほんまや、将兵たちのあの姿は戦支度《いくさじたく》や」

と互いに顔を見合わせて囁きあっていました。そんなある日、とんでもない真実が領民たちの耳に入ってきました。

「なんでも、高成のお殿様が観音寺城の評定《ひょうじょう》の場で、佐々木の大殿様に暴言を吐かれた挙句《あげく》、尾張の織田信長と気脈を通じていたとして成敗《せいばい》されるそうや。その先鋒《せんぽう》をつとめるのが、日野の蒲生家やそうな」

領民たちは恐怖のどん底に落ちいりました。野良仕事どころではありません。村人は村長の屋敷に押し寄せ、

「蒲生の軍が、わしらの村に攻めてきよる、というやないかい」

「佐々木六角家中で、蒲生は最も強大な軍団や。残念やが、わしらの殿さまでは、とてもやないけんど、太刀打ちはでけへんで」

「ほんなもん、無理にきまっとーるわい。蒲生の軍は鬼神が如《ごと》きやからな」

「うっひゃー、鬼神が攻めてくるのけぇ！　ほしたらお城も、この村もわややがな（むちゃくちゃになってしまう）」

「恐ろしやぁー、鬼の蒲生が攻めてきよる、鬼じゃ、鬼じゃ、鬼の蒲生がわしらの村に攻めてきよるで」

　村中は大騒ぎになりました。領民たちが言うように蒲生軍は、佐々木家の家臣団の中でも、ずば抜けた軍事力を誇っていました。それに比べて種村城は、大同《だいどう》川の流れが堅固に守っているとはいえ、蒲生軍に攻め込まれればひとたまりもありません。「おお、恐ろしや、恐ろしや」と、荷物をまとめて逃げ支度をする領民まででてきました。

　種村高成は、これほど事が大きくなるとは思ってもみませんでしたので、

「家中の事情と先行きを見据えて忠言したまでのこと。ましてや信長に内通するなど、もってのほか。不本意《ふほんい》ではあるがやむをえぬ」と、主君の六角承禎に侘《わ》びをいれて許しを乞《こ》いました。

六角承禎も、もしここで身内同士の戦《いさかい》にでもなれば「ますます信長に、利を与えることになる」と思いなおし、一触即発の危機はなんとか回避されることになりました。

ところが、それ以後も種村城下では「怖い蒲生が来るぞ」が、領民の潜在意識に強く残りました。

やがて種村高成の領地以外でも、子どもがいたずらをしたり、親の言うことを聞かなかったりした時にしつけの言葉として、「ガモウが来るぞ！」を使うようになりました。そして、時代の変遷とともにその言葉が転訛して、「ガオウが来るぞ！」

になったといわれています。

さて、永禄十一年（一五六八）九月十二日、織田信長の近江侵攻が開始されると、佐々木六角承禎親子は主城の観音寺城を捨て甲賀《こうが》に逃げ、近江源氏の名門は衰退の一途をたどる結果となってしまったのです。

これを目の当たりにした種村高成は、

「あの時、もっと頑強に信長殿の力を大殿に進言し、そしてそれを受け入れてもらっておれば、こんな結果にならなかったものを」

と嘆きつつ、

「せめて領民や、わが家臣だけでも救おう」

と、信長軍に開城して家臣と領民を救ったのでした。

注1・佐々木六角家の内紛

永禄三年（一五〇六）佐々木六角義賢・義治が登城中の重臣、後藤賢豊父子を城門前で暗殺するという観音寺騒動が起きました。これが原因で臣下の心がバラバラになり、六角氏の弱体化が進んだといわれています。

〈お婆のかたり〉

琵琶湖《びわこ》のほとりにさしかからはった聖徳太子《しょうとくたいし》さんを、
人魚《にんぎょ》が呼《よ》びとめたので、
「なんでほんな姿《すがた》になったのや」
と太子《たいし》さんが聞《き》かはると、
「人間《にんげん》であった時《とき》に魚《さかな》をとって、とりまくって殺生《せっしょう》をしたので、死《し》んでから地獄《じごく》の閻魔《えんま》さんにこんな姿《すがた》にされて琵琶湖《びわこ》にはなされて、魚《さかな》たちにいじめられて後悔《こうかい》しています」
ちゅうてくやまはったのや。
ほうしたら太子《たいし》さんは
「きぬがさ山《やま》にお寺《てら》を建《た》て、観音《かんのん》さんをまつったるさかいに、ほこから毎日《まいにち》手《て》を合《あ》わさい」
といわはったのやけんど、人魚《にんぎょ》は、
「殺生《せっしょう》をしてきた魚《さかな》たちの供養《くよう》を観音《かんのん》さんのご前《ぜん》でしたいのや」
ちゅうて本堂《ほんどう》で供養《くよう》をしてやはると、
体《からだ》じゅうの水気《みずけ》がのうなってもて、
ミイラになってしまはったんやて。

人魚のミイラ

菖蒲《しょうぶ》が咲き始めた、夏のはじめのことでした。

淡海《おうみ》（琵琶湖）の湖面を薫風《くんぷう》がよぎり、波は凪《な》いで岸辺を洗っています。

そこを聖徳太子がお通りになりました。

「もうし、もうし」

汀《みぎわ》から呼び止める声がしました。聖徳太子が声の方に目を向けられると、葦原《あしはら》の影の水面《みなも》から鬢《びん》は白くて皺《しわ》深く、色浅黒い翁《おきな》が顔をだしていました。

「どうしました？」

聖徳太子がお尋ねになると、

「実はわたしは、人であって人ではございません。こんな姿に成り果てました、魚人《うおびと》でございます」

翁は水面《すいめん》にしぶきをあげて、尾《お》ヒレを見せました。

「おう！　それは……」

聖徳太子は、一瞬、言葉をのみ、

「さような姿になられたのには、ふかい因果《わけ》がおありでしょう」

と尋ねられました。翁は語りはじめました。

「わたしの前世《ぜんせ》は、堅田《かたた》の漁師《りょうし》でございました……」

翁の家系は代々漁師で、子どもの頃から魚を獲《と》るのがとても上手でした。釣ってでも網《あみ》ですくっても、どんな大物も、この翁にかかればひとたまりもありません。村人から、「淡海一《おうみいち》の魚《うお》とりの名手《めいしゅ》や」と讃《たた》えられていました。

「ひゃー、こんなに仰山《ぎょうさん》!」

村人が喝采《かっさい》すると、翁は「どうだ」と必要以上に獲《と》って、獲って、獲りまくり、浜辺に魚を山と積みあげました。ところが、いつしか村人は、そんな翁に眉《まゆ》をひそめるようになりました。

「ほこまで（そこまで）獲らいでも、ええのにな」

「魚にも、ちゃんと命はあるんやで。しまいに冥罰《ばち》があたるほん」

村人が諭《さと》しても、「ほんな冥罰、あたるもんかい!」と、翁は鼻先で笑って一蹴《いっしゅう》するのでした。

生けるものすべて、贄《にえ》で生命《いのち》をたもっています。食べなければ死に至《いた》るが、食べすぎは贅沢病《ぜいたくやまい》の原因《もと》になります。ようよう自己の生命がたもてるだけのものがあればよい、ましてや自分を誇示するために殺生《せっしょう》をくり返し、食べもせずに捨てるなどもってのほか。だが、この翁はこんな殺生をくり返し、くりかえしながら、その一生を終えました。

ここは冥土《めいど》のお裁《さば》き場《ば》（裁判所）。

翁は閻魔《えんま》大王の前にひきだされ、裁きをうけることになりました。

「この亡者《もうじゃ》、いかなる刑に処すべきや」

閻魔大王が、十王《じゅうおう》に意見を求めました。十王とは閻魔大王の配下《した》で働く、十名の裁き役人たちです。そのひとりが、

「この者は魚にも命があることを思いやらず、仏法《ぶっぽう》を軽《かろ》んじ、好んで無益な殺生をくりかえしてきました。まさに重罪、無間地獄《むげんじごく》へ落すべきです」

と主張しました。すると、もうひとりの十王が、

「この者、娑婆《しゃば》では漁師を生業《なりわい》としておりました。故《ゆえ》に殺生も一連《いちれん》の生業、いたしかたあるまいかと思います」

と庇護《ひご》しました。閻魔大王はふたりの異《こと》なる見解《けんかい》に、

「いかになすべきや」

ビデオのように見せる「業鏡《ごうきょう》」を睨《にら》みながら翁の前世の行いをはかっていましたが、「魚どもが、この者をいかに思念《しねん》しておるか、それにまかせることにしよう」と、次のような判決をくだしました。

「この者のすがたを人魚《にんぎょ》にする刑に処す。魚どもがどのような意趣返《いしゅがえ》し（仕返し）に及ぶか、おのが身で知るがよい」

こうして翁は、人魚にされて淡海に放たれました。

すると、たちまち鯉《こい》や鮒《ふな》、鯰《なまず》や鮎《あゆ》やモロコにいたるまで、人魚のまわりにぞくぞくと集まってきました。

「子どもたちを、返《かや》せ！」

「わしの嫁《つれあい》を、どこへ奪《うば》っていったのや」

「大切な親を殺しやがって」

魚たちは口々に泣き喚《わめ》き、ボロボロと涙を落しました。その時です。突然、口元《くちもと》をとんがらせた一匹の大鮒が、

「むげな殺生をした、報《むく》いや」

人魚につっかかってきました。

それをきっかけに、まわりの魚が一斉《いっせい》に人魚をつっつきだしました。百《ひゃく》、二百《にひゃく》、やがて何千《なんぜん》、何万《なんまん》もの魚が人魚の躰をめがけて襲ってきました。皮膚《ひふ》は破れ、血が噴《ふ》き出し，全身傷だらけで、人魚は湖底に沈んでしまいました。

こんな意趣返しが、幾日にも、幾日にも及びました。

「これほどまでの責《せ》めを受けるとは……。生前《せいぜん》、いかにみなを苦しめ、仏法を軽んじてきたことか。魚の命の尊さなど、まったく思いもしなかった……」

人魚はその罪深《つみぶか》い、おのれの業《ごう》をふかく悟《さと》るのでした。

「いまはただ因果応報《いんがおうほう》、前世の業《おこない》を悔い改める身でございます。いかに懺悔《ざんげ》すればよろしいのでしょうか」

人魚は聖徳太子にすがりつきました。聖徳太子は、

「ここより東の峰、繖山《きぬがさやま》に観音菩薩《かんのんぼさつ》を刻んで寺を建立《こんりゅう》してあげましょう。朝な夕なに、この波間《なみま》より悔悟《かいご》の心を大切にされ、日々、祈りに没頭《ぼっとう》なされよ」

と諭されました。すると人魚は、

「やれ、うれしや、ありがたや。観音菩薩をお祀りくださりますれば、そのお膝《ひざ》もとにまいりとうございます。なれど、わたしは陸では歩けぬ身体《からだ》、どうか御寺《みてら》へお連れくださりませ」

と請《こ》いました。

「水から出れば、生命《いのち》が保てないのではありませんか」

聖徳太子は心を配られましたが、

「殺生を生業としてまいりましたこの身《み》など、ご憐憫《れんびん》にはおよびませぬ」

人魚は、聖徳太子に身を委《ゆだ》ねました。

やがて聖徳太子は、身丈《みのたけ》三尺三寸の観音菩薩を刻み、繖山に観音正寺《かんのんしょうじ》[注1]を建立されました。

そして、人魚はすぐに村人たちの手で寺へ運びこまれました。

「水からあがって、はたして人魚は大事ないやろうか？」

村人たちは気づかいましたが、人魚は観音菩薩の御前《おんまえ》を片時《かたとき》も離れませんでした。

月日が流れた、ある日のことでした。

「大変や！　に、人魚が……」

寺に立ち寄った村人のひとりが、悲壮な声をあげました。

みなが本堂に駆けこむと、顔をもたげて歯をくいしばり、観音菩薩にすがりつくようにして、人魚は干《ひ》からびて小さくなっていました。

「おう！　水気《みずけ》を失い、苦しみながら、こんな哀れな姿にならはって」

村人は手を合わせて涙しました。

「悔悟《かいご》の真《まこと》に至《いた》らはったのや。観音さんのおそばで、いつまでも、供養《くよう》をしてやろうやまいかい」

悟得《ごとく》（迷いから脱し、悟りを開いて真理をつかむこと）してミイラとなった人魚は、観音菩薩の慈悲《じひ》のご光《こう》に包まれながら、千四百年間を寺で大切に守られてきました。

ところが平成五年（一九九三）五月二十二日のことでした。観音正寺の本堂で火災が発生。この時、人魚のミイラは、ご本尊の観音菩薩とともに灰燼《かいじん》に帰してしまいました。

「観音さんの慈悲に導《みちび》かれて、人魚はまことの仏土《ぶつど》へ旅立《たびだ》たはったのや」

村人は涙して別れを惜しみました。
もうこの世で、人魚を目にすることは二度とありません。

注1・観音正寺《かんのんしょうじ》

琵琶湖の東岸、標高四三三メートルの繖山の山頂近くにあり、寺伝によれば、推古天皇十三年（六〇五）、聖徳太子がこの地を訪れ「人魚」の願いにより、自刻の千手観音を祀って一寺を建立したのがはじまりといわれています。寺にはその人魚のミイラと称するものが伝えられていましたが、平成五年（一九九三）の本堂の火災で重要文化財の本尊千手観音立像とともに焼失してしまいました。現在ある木造入母屋造の本堂は平成十六年（二〇〇四）に宮大工の木澤源平が再建し、本尊の千手観音坐像は仏師松本明慶の作。旧本尊が一メートル足らずの立像であったのに対し、新ご本尊は像高三・五六メートル、光背を含めると総高六・三メートルの巨大な坐像です。像はインドから輸入した二十三トンもの白檀《びゃくだん》で作られています。白檀は輸出禁制品でしたが、観音正寺の住職が、二十数回もインドを訪れて交渉、特例措置として輸出が認められました。

〈お婆のかたり〉

長光寺《ちょうこうじ》ちゅうお城《しろ》に立《た》てこもってやはった柴田勝家《しばたかついえ》ちゅう大将《たいしょう》は、敵《てき》の六角軍《ろっかくぐん》に城《しろ》にはいる水道《すいろ》を止《と》められて困《こま》ってやはるのに、

「まだまだ城《しろ》には水《みず》が、ぎょうさんあるで」

と六角軍にウソをゆわはって（言って）、ほのあとじきに水《みず》の入《はい》った瓶《かめ》をぶち割《わ》ってしまわはったのや。

城《しろ》を守《まも》ってやはるじぶんの家来《けらい》には、

「もうこれで城《しろ》には一滴《ひとしずく》の水《みず》もあらへん。水《みず》がなかったら生《い》きられへんで。同《おんな》じ死《し》ぬんやったら、わしらは武士《ぶし》や。討《う》ってでよう」

と油断《ゆだん》してやはった六角軍《ろっかくぐん》の本陣《ほんじん》へ、トキのこえをあげて全員《みんな》で攻《せ》めたてやはって、大《おお》勝《がち》をしやはったんや。

ほんで柴田勝家《しばたかついえ》は「瓶割柴田《かめわりしばた》」、長光寺城《ちょうこうじじょう》は「瓶割城《かめわりじょう》」と呼《よ》ばれるようになったのやて。

瓶割柴田

織田信長は佐々木六角承禎義賢・義治父子を主城の観音寺城から追い払うと、六角勢が籠城する長光寺城も落城させました。

その二年後の元亀元年（一五七〇）、信長は長光寺城に柴田勝家を呼び寄せると、

「わしは未だに従わぬ越前《えちぜん》の朝倉義景《あさくらよしかげ》を征伐にまいる所存じゃ。この東近江から佐々木一族を追い払ったとはいえ、その残党や反発する一向宗などがまだまだ多くおる。そちはこの城を拠点にして、その者たちの行動を封じて守れ」

と城の守将を命じました。

柴田勝家はただちに、長光寺城を改修して城に入りました。

ところが、織田信長は越前（福井県）の朝倉義景を攻め入る寸前で同盟を結んでいた妹婿《いもうとむこ》の浅井長政《あざいながまさ》の裏切りに合い、背後から挟撃《きょうげき》されて京に

逃げ戻るという事態が発生していました。そして、「体勢を立て直そう」と岐阜に帰国したのでした。

するとと、伊賀に潜んでいた六角承禎がその隙を突いて敗残の兵を纏《まと》め、一向一揆を扇動《せんどう》し、浅井、朝倉軍とも同盟を結んで五千余名の軍を率いて、柴田勝家の立て籠《こ》もる長光寺城を包囲しました。信長への援軍要請の道を絶たれた長光寺城は、孤立無援。八千余名の兵と共にひたすら籠城《ろうじょう》策をとらざるをえなくなってしまいました。

今がチャンスとばかりに佐々木六角承禎父子は、繰り返し大軍を指揮して、長光寺城を攻撃してきました。だが、勝家軍はしぶとく防戦して、城はなかなか落ちませんでした。

以前は、わが城の一つであった六角承禎にしてみれば、長光寺城の内情はすべて知り尽くしています。

「城内には井戸がない、水を断て。水がなくなれば音《ね》をあげるに違いない」

と命じ、城の水源を断ちました。そして、ころあいを見計らって、

「そろそろ城中の水は尽きる頃じゃ」

佐々木六角承禎は家臣の平井《ひらい》勘助《かんすけ》を和議の使者にたて、城内の様子を探

らせました。ところが、勘助が城に入ると予想に反して、城中では桶の水を馬のからだにぶっ掛けて、ざぶざぶと洗うという豪勢さでした。そして柴田勝家は、

「和議をするかどうかを皆で相談するので、しばらく待ってほしい」

と速断を避けました。さて、帰り際、平井勘助が、

「手を洗いたい」

と頼むと、柴田勝家は小姓二人に大きな瓶《かめ》を持って来させて存分に水を使わせた上に、余った水を惜しげもなく庭に捨てさせました。

その様子を、帰陣した平井勘助から聞いた佐々木六角承禎は、

「水はまだ、そんなに豊富に残っておるのか。勝家の籠城は、もうしばらくは続くであろう。ま、水が干上《ひあ》がるまでゆっくり待とう」

と全軍に指示をだしました。だが、これは柴田勝家の苦肉の策でした。実際のところは飲料水にも事欠く有様で、城には、水がほとんど残っていませんでした。こんな状況を六角方が知れば戦いを続けるにしろ、和議をするにせよ、不利になるのは必定です。そこで勝家は、城中にまだ水が豊富にあると、ひと芝居打ったのでした。勝家が敵陣に放っておいた間諜《かんちょう》

（斥候《せっこう》）の報告でも、

「佐々木六角軍はわが籠城軍を日干《ひぼ》しにすれば事足りるとばかりに、物見遊山《ものみゆさん》気分で対峙しており、陣形にゆるみが生じております」

とのことでした。柴田勝家は「今こそ打って出るが、好機」と考えました。だが、まずその前に、長きにわたる籠城戦により水や食料の欠乏でゆるんだ我が軍の士気《しき》を高めねばならぬ、と決意し、最後の掛けにでました。

六月二十三日の未明、柴田勝家は将兵を前にして、

「皆の者、水の蓄えはもはやこれまでじゃ。水が無ければ生きられぬ。同じ死ぬのであれば、われらは武士、不利な戦《いくさ》であろうとも、打って出ようぞ。死中に活《かつ》じゃ、開ける道は必ずあるはず。いざ、出陣！」

と大音声《だいおんじょう》で命じ、水を兵士たちに分け与えると、水の残った水瓶を長刀《なぎなた》の柄《え》でぶち割ってしまいました。そして柴田勝家は城門を開き、

「まだしばらくは、籠城を続けるであろう」と油断していた六角軍の本陣をめがけて、総勢八百余名の将兵を引き連れ、山を揺るがすばかりの鬨《とき》の声をあげて打って出ました。不意をつかれた六角軍は総崩れ、三百余名を打ちとられて、散りじりに逃げ去ってしまいました。

これを知った織田信長は、柴田勝家に与えた感状の宛名に「瓶割《かめわり》柴田殿へ」と記しました。この時以来、柴田勝家は「瓶割柴田」と呼ばれ、長光寺城は「瓶割城」と伝承されるようになりました。

〈お婆のかたり〉

観音寺《かんのんじ》城のおさむらいの兄弟《きょうだい》が生《う》まれやはったとき、おかさんのお乳《ちち》がよおでんかったので、東《とう》光寺《こうじ》の子安地蔵《こやすじぞう》さんにおねがいしゃはると、よお出《で》るようになってな。

ほして、ほの兄弟《きょうだい》がおとなにならはったとき、山《やま》むこうの乱暴《らんぼう》な信長《のぶなが》ちゅう殿《との》さんが攻《せ》めてきよったので、

「こら大変《たいへん》や。ご恩《おん》のあるお地蔵《じぞう》さんを、わやにされたらあかん」

と、村《むら》はずれの林《はやし》にかくさはったのや。

ほうして月日《ひきひ》がたつうちに戦《いくさ》ものうなって世《よ》の中《なか》がおちついてきたので、村《むら》のひとらがお地蔵《じぞう》さんを探《さが》しだして、もとにもどそうとしゃはったのやけんど、お地蔵《じぞう》さんはいかい（大きな）石《いし》のようにおぼとうて（重たくて）、うごかはらへん。

ほやけんど、ほの兄弟《きょうだい》が来《き》て、お地蔵《じぞう》さんをもたはると、すんなりもてて、もとにもどらはったのやて。

動かぬ子安地蔵

東近江観音寺城《じょうしろ》城山の麓の清水鼻《しみずはな》村に、観音寺城主の佐々木六角承禎をはじめ歴代の当主が帰依《きえ》した、東光寺《とうこう》という古刹《こさつ》がありました。

その麓の参道口にはこんこんと霊水《れいすい》が湧《わ》きだす泉があり、「功徳《くどく》の水」と村人の尊崇《そんすう》を集めて大切に守られていました。また、寺の境内の地蔵堂には母乳《ぼにゅう》の出ない母親が祈願すると、

「たちどころに乳の出が良くなる」

と信仰される「子安地蔵」（木造立像で総長一七〇センチ、平安時代の作）が祀られていました。


下克上《げこくじょう》の嵐が吹き荒れる戦国時代のある日のこと、夜陰《やいん》にまぎれて地蔵堂に忍び入る者たちがいました。観音寺城主・佐々木六角承禎の家臣で豪《ごう》勇《ゆう》の将《しょう》で知られる加藤忠常《かとうただつね》、満国《みつくに》（藤井）の兄弟と側近《そっきん》たちでした。兄弟

は子安地蔵の前に立つと、

「南無地蔵菩薩。天下布武《てんかふぶ》をもくろむ尾張の織田信長《おだのぶなが》が、大軍を率いて攻め寄せてまいりました。やがてこの寺も戦火によって蹂躙《じゅうりん》されまするは、必定《ひつじょう》。もはや一刻《いっこく》の猶予《ゆうよ》もならぬ事態にござりますゆえ、わたくしどもの手でお匿《かくま》いさせていただきます」

そう告げて合掌《がっしょう》し、側近たちと地蔵堂より子安地蔵を運び出す準備に取り掛かかりました。というのも、この兄弟にとって、この地蔵は育ての親も同然でした。母乳の出が悪かったふたりの母親は、兄の忠常を出産した時も、弟の満国を出産した時にも、寺の麓の功徳の霊水で体を清めて子安地蔵に祈願をし、その霊力《れいりょく》と加護《かご》によって母乳の出を良くしていただき、二人をりっぱな武士に育だてることができたのでした。

母親からその大恩《だいおん》を聞いて育った兄弟は、長《ちょう》じて観音寺城の家臣に取り立てられた後も、それを忘れることなく、深くこの地蔵に帰依していました。

「兄上、準備が整いましたぞ」

満国の言葉に、忠常は、

「ならば、お運びもうせ」

と命じて、夜陰に乗《じょう》じて地蔵堂から子安地蔵を運びだしました。兄弟一行が向かったのは、村はずれの「昇田《のぼりた》の林」です。鬱蒼《うっそう》と生い茂る木々の間をぬって奥深くに入ると、その地に穴を掘り、地蔵を布にくるんで埋めて隠しました。一刻を争う事態ゆえの処置とはいえ、土中に隠さねばならない情けなさに、兄弟はハラハラと涙を流し、

「平穏な世が訪れますれば、必ずや、お迎えにまいります」

と地蔵に誓い、その場に伏して合掌しました。

織田信長軍が六万の大軍で東近江に侵攻してきたのは、その直後でした。「東光寺は佐々木家歴代の菩提寺や。なんとしても守りきらなあかん」

東光寺の僧兵や村人も一向一揆《いっき》の宗徒たちと共に、「進めば極楽、引けば地獄」と念仏を唱えて頑強に抵抗しました。そのため信長軍に村の田畑は踏み荒らされ、東光寺も人家もすべて焼き討ちにあい、一揆に加わった人々も僧も蹂躙《じゅうりん》され、子安地蔵が祀ってあった地蔵堂も跡形もなく焼没してしまいました。そして、あれだけ滔々《とうとう》と涌きでていた寺の麓の霊水も枯れてしまいました。

忠常と満国は、落ち武者狩りの追っ手から主君《しゅくん》の佐々木六角承禎を守り通して甲賀の地へ退避《たいひ》させました。

佐々木六角承禎が観音寺城を放棄したことで、東近江は織田信長の支配下になってしまいました。やがて信長は、京都入城を果し、観音寺城の西《にし》端《はし》の琵琶湖に面した安土《あづち》山に天下布武《ふぶ》の城「安土城《あづちじょう》」注1を築城し、京都支配への拠点としました。こうして近江源氏の嫡流《ちゃくりゅう》として二百年間に及ぶ権《けん》勢《せい》を誇った佐々木六角氏も、ついに滅んでしまったのでした。

ところが因果は巡るとはよく言ったもので、鬼神《きしん》の如き強さで天下布武に猛進した織田信長も、意外な結末を迎えることになりました。京・近江を奪取《だっしゅ》することに成功した信長でしたが、天下布武の完成直前で、重臣の一人だった明智光秀の逆心《ぎゃくしん》によって京の本能寺で殺害されてしまったのです。天下の名城「安土城」も、その事変の余波を受けて焼没《しょうぼつ》してしまいました。そしてまた、その事変を起こした明智光秀も天下分け目の「山崎の合戦」で羽柴秀吉（後の豊臣秀吉）軍に敗北し、天下は秀吉の手中に握られました。こうして世の中はしばしの平穏を得ることになりました。

こうなると、村では東光寺の再興を望む声が、日に日に高まるようになってきました。だが、信長軍に家や田畑を荒された村人には、もとの伽藍《がらん》を再建するだけの財力はとてもありません。しかも、東光寺のご本尊は信長の焼き討ちで焼没してしまっています。

そこで村人は、

「避難していただいたあの子安地蔵さんだけでも、ここにお祀りしようやまいかい」

と相談がまとまり、東光寺の焼け跡地を整えて地蔵堂を建て、村長を先頭に子安地蔵の埋められた昇田の林に出向きました。

「お地蔵さんがいやはるのは、このあたりや。まちごうても無調法《ぶちょうほう》はせんようにせなあかんで」

村長にそう注意された村人が、子安地蔵が埋められたと思われる場所につくと、そこは月日とともに雨水が流れこんで深さ二尺（約六〇センチ）ばかりの水溜りになっていました。

「えらいこっちゃ、池になってしもてるがな！」

村人は溜まった水と泥をかいだしました。すると、白布に包まれた子安地蔵がすぐに姿を現しました。

「慎重にあげえよ」

村長に注意された村人三人が、それぞれ地蔵の頭部と背と足元を持って抱きあげようとしました。が、

「ひぇー、こりゃ重《おぼ》たい！」

どうしたことか、地蔵はぴくともしません。巨大な石の地蔵ならいざ知らず、横たわっているのは布に巻かれた木造の地蔵です。いくら月日《つきひ》が経《た》ち、水分が染みこんで重くなったとはいえ、力自慢の村の若衆三人が抱えあげようとするのだから、動かぬはずがありません。三人はもう一度、顔を真っ赤にして、満身の力で抱きあげようとしましたが、結果は同じです。

「なんでやい！」

「どないしたんや？」

村人は首をひねって不思議がりました。

と、その時、村長が観音寺城の忠常と満国兄弟の誓いを思い出しました。兄弟は「世が落ち着きましたら、必ず、お迎えに参ります」と誓って、この場所に穴を掘り、子安地蔵を避難させていたのでした。

「いくらわしらの手でお運びしようとしても、お地蔵さんは動かはらへん

はずや。しょうがないやん。今一度このままにしといて、おふたりをお迎えしよう。お地蔵さんはおふたりが迎えに来やはるのを待っていやはるのやほん」

と悟り、佐々木六角承禎を守護して甲賀《こうか》に避難していた忠常と満国を訪ねました。そうして動かぬ地蔵の様子を説明して、ふたりを村に迎えました。

こうして忠常と満国が穴に入って、

「お迎えに参りました。まことにご不自由をおかけしました」

と合掌して地蔵を抱くと、軽々と抱かれ、村人が建てた地蔵堂に安置されました。

やがて忠常と満国は村に帰農《きのう》して、

「未来永劫《みらいえいごう》にお守りいたします」

と地蔵に誓いました。

すると不思議なことに、その日まで枯れていた地蔵堂の麓の「功徳の水」が再び湧きだしました。やがてこの泉は、伊吹山麓醒井《いぶきさんろくさめがい》の水、彦根の十王《じゅうおう》村の水とならんで「湖東三名水《ことうさんめいすい》」と呼ばれるようになり、泉は今にとうとうと湧きだしています。

現在この地蔵堂には子安地蔵を中央に、向かって右端に「酒買地蔵《さけかい》」、左端に「こっぱ地蔵」の三体が並んで祀られています。いずれも木造等身大で藤原から平安時代の作といわれ、「織田信長の災禍《さいか》から逃れてきたお地蔵さんたちや」と伝承されています。

注1・安土城

天正三年（一五七五）五月、織田信長は長篠《ながしの》・設楽原《したらがはら》の合戦で鉄砲三千丁を備えて武田勝頼の騎馬軍団を打ち破ると、その年の十一月末、嫡男の信忠に尾張、美濃の領国を与えて家督を譲り、天下布武を目指して動きだしました。それにはまず、天下を統一し、これを治めようとする強力な意志を象徴する城の建設が必要でした。天正四年（一五七六）一月、標高一九九メートルの安土山が築城地に選ばれました。そこは、近江の守護六角氏の居城、観音寺城の支城あとでした。総普請奉行《そうぶんしんぶぎょう》に丹波長秀《にわながひで》を据え築城を命じました。この安土は京にも尾張からも近く、東西に重要な陸路が通り、瀬戸内や大阪からの水路の便も良く交通の要衝です。「近江を制するものは天下を制す」と言われ、信長の築こうとしたこの城は、敵の攻撃に備えるためのものではなく、天下布武、すなわち武家の政権を以て天下を支配しようとする強固な意志を象徴するものでした。尾張や美濃、越前、越中、越後、若狭、および畿内の武将や大工・職人が集められ、三年後の天正七年（一五七八）の五月に城は完成。信長は天主閣に移り住みました。全山を城域とするこの城は、近山から集めた石で石工集団穴太衆《あのうしゅう》に石垣を築かせ、そこに明《みん》の瓦師・一観《いっかん》が焼いた瓦で葺いた五層七階の天主閣をもつ城郭でした。だが、築城から三年後の天正十年（一五八二）、織田信長が本能寺の変で明智光秀に討たれると、安土城は明智軍に占拠されましたが、光秀が羽柴秀吉に撃たれると、略奪目的で進入した土民による放火で安土城は焼失してしまいました。その後、信長の嫡孫《ちゃくそん》秀信の居城として二の丸を中心に機能していましたが、天正十三年（一五八五）、豊臣秀次が十八歳で近江四十三万石の領主に任ぜられると、近江八幡に城を築いて安土城下の民を移住させたため、安土城下はさびれて城は廃城になってしまいました。

〈お婆のかたり〉

信長《のぶなが》ちゅう乱暴《らんぼう》な殿《との》さんが攻《せ》めてきよったので、東瓜生津《ひがしうりゅうづ》の慈眼寺《じげんじ》のお坊《ぼう》さんがご本尊《ほんぞん》の観音《かんのん》さんを平尾村《ひらおむら》の東光寺《とうこうじ》にかくそうと背中《せなか》にぼいせ逃《に》げやはるとちゅう、三人《さんにん》の武者《むしゃ》が追《お》っかけてきよったのや。

「観音《かんのん》さんを盗《と》られたらあかん」と、ごそわらの池《いけ》の中《なか》に隠《かく》さはったんやが、自分《じぶん》は切《き》られて殺《ころ》されやはったんや。

ほれから時《とき》がずーっと過《す》ぎたときにな、平柳《ひらやなぎ》村《むら》の神主《かんぬし》さんの夢枕《ゆめまくら》に、「ながいこと池《いけ》にはまって、くるしんでるのや。救《すく》いあげて慈眼寺《じげんじ》に返《かえ》してくれへんか」

と観音《かんのん》さんが言《い》わはったので、東光寺《とうこうじ》の和尚《おっ》さんに相談《そうだん》しやはると、東瓜生津《ひがしうりゅうづ》の慈眼寺《じげんじ》で行方不《ゆくえふ》明《めい》になった仏《ほとけ》さんやとわかってな、ほんで金《きん》のひかりがさいてる池《いけ》から観音《かんのん》さんを引《ひ》き上《あ》げやはって、慈眼寺《じげんじ》にもどさはったのやて。

池の観音仏

織田信長軍の猛攻が東近江を襲ったときのことです。東瓜生津《ひがしうりゅうづ》（現・東近江市瓜生津町）の慈眼寺《じげんじ》も、信長軍の標的にされた寺の一つでした。

「もはや一時《いっとき》の猶予もならぬ。このご本尊[注1]は、わしらの先祖、狛氏《こまし》（蒲生《がもう》野《の》開拓の生産者）が千年もの間、大切にお守りしてきた仏さまである。いかに信長といえども仏罰があたり、かならず誅伐《ちゅうばつ》されるときがこよう。そうなれば、再び、ここにお奉《まつ》りすることになる。それまでの辛抱《しんぼう》、鈴鹿山麓の平尾村（現・東近江市平尾町）の東光寺にお匿《かくま》いするのじゃ。東光寺の和尚には、わしから事前に頼んである。さっさ、はやく、ご本尊を東光寺へおつれ申せ」

信長の謀略を事前《じぜん》に察知した慈眼寺の長老僧が、毛利知行《もうりともゆき》に観音仏を託しました。知行は近江の守護職・佐々木六角氏の家臣でしたが、六角氏の居城だった観音寺城が落城したのを機に、この寺に落飾《らくしょく》した若い僧でした。

さっそく僧（以降、知行を僧と記す）は観音仏を背負い、東光寺を目ざして駆けだしました。

ところが、養父《やぶ》平柳村《ひらやなぎむら》（現・東近江市平柳町）まできたときのことです。

「待て　そこな坊主ッ」

ハッ、として僧が振り返ると、三人の武者がせまってきました。

すわっ、信長の追っ手か？　捕まれば惨殺《ざんさつ》され、ご本尊は奪われて壊されるにちがいない――

僧は、ダダッ、と駆《か》けだしました。だが、仏像を背負った僧に三人の猛《もう》追《つい》をかわすだけの余力はありません。そう察した僧はいきなり、前方の叢《ごそわら》に飛びこみました。

「逃げこんだぞ、逃がすな」

「もはや袋のネズミよ」

「そのへんにいるにちがいない、さがせ」

武者たちはやっきになって叢を踏み倒しながら迫ってきます。

「いかなりともご本尊だけはお守りせねばならぬ。ひとまず、何処《どこ》ぞに……」

僧は仏の隠し場所を探そうと、叢をはいずりまわりました。

小さな窪《くぼ》みが目に入りました。

「もはや、ここしかない。ここに隠そう」

すばやく、窪みの枯れ木や草を取り除きました。すると、そこは古井戸でした。

「ご本尊さま。しばらくのご辛抱を」

僧は手を合わせると観音仏を古井戸に沈め、枯草をもとにもどしてその場から逃れようとした、その時です。目の前に先ほどの武者が、ぬっと現れました。

僧は三人の武者に囲まれてしまいました。

「こ、これはまずい！」

僧は囲みを破って駆けだそうとした、その刹那、右肩にカッと熱いものが走り、血潮が飛びました。肩先を切られたのです。

「ここで討たれるわけにはいかん。なんとしても東光寺にたどり着き、ご本尊を匿《かくま》った井戸のありかを告げねばならぬ」

僧は傷の苦痛《いたみ》をもろともせず、必死に走りました。走って走って、走りぬきました。追っ手の声が、だんだんと遠ざかっていきました。振り向くと、その姿はすでにありません。振り切ったようです。

僧が、ホッとしたのもつかの間です。出血がひどく、意識が朦朧《もうろう》としてきました。

—どうあっても、東光寺までは—

やっとの思いで、山門に転がりこんだ僧は、本堂の前でバッタリと倒れてしまいました。折り良くそこに居あわせた東光寺の和尚が駆け寄って、僧を、ぐっ、と抱きかかえました。僧の血が和尚の手を真っ赤に染めました。

「こんなにひどい血が……、どないなされたのです？」

「お、和尚さま、慈眼寺のご本尊は…」

「ご本尊がどうしたと言うのです」

「ご、ご本尊は…ご本尊は…」

僧はそれだけ言って、そのまま息絶えてしまいました。

それから数多《あまた》の歳月《さいげつ》が流れた、ある夜のことでした。

平柳村八幡社《ひらやなぎむらはちまんしゃ》の神職・嘉兵衛《かへえ》が寝ていると、とつぜん、胸が苦しくなりました。金縛《かなしば》りにあって、手足がピクリとも動きません。そしてあたりに紫雲《しうん》が立ちこめはじめました。なにごとかと目を凝《こ》らすと、蓮華《れんげ》にのった黄金の観音仏が目前に出現しました。すると不思議なことに、金縛りは、スーッと解けました。

嘉兵衛が観音仏に手を合わすと、

「長い間、古井戸に沈んで苦しんでいます。どうか救いあげ、慈眼寺へもどしてくれませぬか」

とお告げになりました。

翌朝、嘉兵衛は昨夜のできごとに思いを巡らしましたが、それは夢であったのか、現《うつつ》であったのか判断がつきませんでした。

「いずれにしても不思議なことや」

と思っていました。

ところが、そのできごとは次の夜も、また次の夜もつづきました。

「これは、ただごとではない」

そう思った嘉兵衛は、平尾村の東光寺の老僧に相談することにしました。

すると老僧は、次のように告げました。

「先代の住職からそんなハナシを聞いたことがある。むかし、慈眼寺の若い僧が、織田信長の兵火から逃れるため、観音仏を背負って東光寺へおつれする途次、追手《おって》に斬られて観音仏はその時、行方不明になったという。きっと、その観音仏が、どこぞの古井戸にはまって苦しんでおられるのじゃろう」

話を聞いた嘉兵衛は早速《さっそく》、村人をともなって古井戸をさがすことにしました。そして、押立山の麓で紫雲が立ちのぼっている古井戸を見つけました。

「おお、観音さんは、あの井戸にはまっておられるにちがいない」

嘉兵衛と村人が、その井戸の水をかいだすと夢告《ゆめのおつげ》の通り、泥にまみれた金色《こんじき》の観音仏が出現しました。

「これぞまさに、瓜生津の観音さんや」

嘉兵衛はさっそく観音仏を東瓜生津の慈眼寺へおおくりした、と、今に伝えられています。

注1・慈眼寺の観音仏

近江最古級の観音仏で飛鳥時代の作。像高は約四〇センチ、頭に天冠《てんかん》を戴き、瓔珞《ようらく》等の装身具をつけ、身に天衣《てんい》をたらしています。左足をやや曲げ、腰を右に捻《ひね》って蓮華座上に立つ姿は、飛鳥仏特有の優雅な気品を漂わせ、西天竺《にしてんじく》・毘《び》修《しゅう》 羯摩《かつま》の作、大正十年四月三十日、国の重要文化財に指定されました。現在は、東近江市瓜生津町の慈眼寺会館に祀られています。

〈お婆のかたり〉

聖徳太子《しょうとくたいし》さんがおおさかで四天王寺《してんのうじ》を建《た》てやはったときのことや。

ほのお寺《てら》の瓦《かわら》が「どうぞ無事《ぶじ》に焼《や》けますように」と、箕作山《みつくりやま》に瓦寺《かわらでら》をたてはってな。

ほの瓦《かわら》がぶじに焼《や》けたので、瓦寺《かわらでら》にお礼参《れいまい》りにいかはったのや。ほして、ほこから南《みなみ》のほうの岩戸山《いわとやま》を見《み》やはると、紫《むらさき》の雲《くも》がたなびいて金《きん》ぴかのひかりがさいてたのや。

これはふしぎや、と、岩戸山《いわとやま》にのぼらはると、極楽《ごくらく》のような美《うつく》しい景色《けしき》がひろがってたのや。

ほれに感激《かんげき》しやはった太子《たいし》さんは、あたりのいかい岩《いわ》に仏《ほとけ》さんを彫《ほ》ろうと思《おも》わはったのやが、槌《つち》もノミも持《も》ってやはらへんかったのや。ほれで、じぶんの爪《つめ》でほの岩《いわ》に十三《じゅうさん》の仏《ほとけ》さんを彫《ほ》らはったのやて。

十三仏

大和国《やまとのくに》（現・奈良県）の飛鳥《あすか》に都があった頃のことです。

朝早くから東近江箕作山《みつくりやま》の麓の里人たちは、飛鳥の宮から視察に来られる貴き方々《とうと》一行を出迎えるため、その準備に追われていました。

「まもなく太子さまがお着きなさる。粗相《そそう》がないようにな」

里長《さとおさ》の陶李《とうり》が村人に指示しました。

その「太子さま」とは、第三十代用明天皇《ようめいてんのう》の皇子《みこ》で厩戸命《うまやどのみこと》とも呼ばれる、聖徳太子《しょうとくたいし》でした。

聖徳太子は今、摂津国《せっつのくに》（現・大阪府）で、自らが指揮をとって「四天王寺《してんのうじ》」を建立されていました。その寺は太子が、賊徒討伐《ぞくととうばつ》[注1]に出征される折に四天王像を彫られて戦勝祈願《せんしょうきがん》をされたところ見事に勝利を得られたので、それに感謝をして四天王像を祀るための伽藍《がらん》でした。

その伽藍の大屋根に敷く瓦の発注を受けたのが、東近江箕作山《みつくりやま》の麓の里人たちでした。この里（現・東近江瓦屋寺町）は瓦を焼くために必要な良い土がとれ、里人は瓦を焼くすぐれた技術をもっていました。また、それと同時に太子は、「邪気《じゃき》や妖魔《ようま》がその瓦を汚さぬように、一時《いっとき》も早く良い瓦が焼き上がりますように」と願われて、箕作山に「瓦寺《かわらでら》」とよばれる御堂を建立されておりました。そして、里人よりその瓦の焼き上がりの連絡を受けた太子が、その出来映えを照覧《しょうらん》されるためにハレの日の今日、この里へやって来られるのでした。

太子は、十四歳。仏の道に帰依され、信仰心あつく、万事に聡明《そうめい》で慈愛《じあい》をもって人々に接せられる貴人として世に知られていました。

里長の陶李も飛鳥の宮で瓦の発注を受けた折に初めてお会いし、その凛々《りり》しい姿と並々ならぬ器量の深さに魅了され、たった一度の謁見《えっけん》でしたが太子のためならば、どのような無理難題《むりなんだい》もやり遂げようと思っていました。

やがて、太子の一行が里におつきになりました。

太子は愛馬の背から降りられると、拝礼する陶李の荒れた両手をとり、

「あなたも里の人たちも健《すこ》やかでなにより。ご苦労をおかけしました」

慈愛に満ちた目で見つめて、ねぎらいの言葉を述べられました。

陶李は感動のあまり、「はッ、ははーッ」と返答するのが、やっとでした。

太子は陶李の案内で、瓦の土を掘りだした跡地（今に残る日吉《ひよし》の溜池）や、瓦が焼かれた窯《かま》、焼き上がった瓦の収納小屋の一つ一つを見て回られました。どの小屋にも中国大陸や朝鮮半島から伝来した製作方法に、この里独自の技術が加味されて、青や緑に色を変えた瓦が整然と並べられていました。

太子はその技法や出来映えによほど感動されたのでしょう、

「あれほど大量の土を掘り、このようなりっぱな瓦を仕上げていただいたのは、あなた方の尊い技量と、瓦寺の御仏のご加護のおかげです。瓦の視察を終えれば、その足で瓦寺の御仏に祈願成就《きがんじょうじゅ》の報告と、お礼にまいるつもりです」

と、言葉を上気させて陶李に述べられました。

ところが、その行動は予定外のことだったのか、重臣たちはたちまち顔色を変えて、

「瓦寺へ向かう箕作山は急峻《きゅうしゅん》でございます。まずは、長旅の疲れを癒《い》やさ

れてからご参拝されましても、決して遅くはございません」

と申し上げましたが、太子は凛《りん》とした眼差しで、

「今のこの感動と感謝の気持ちが、すでに旅の疲れを十分に癒やしてくれています。ここから先は、里長たちの案内と仏の加護で無事に瓦寺へお参りさせていただけるはずです。あなたたちは遠路の旅でさぞや疲れたことでしょう。先に里へ帰って十分に疲れをおとりなさい」

と供の者たちをねぎらわれました。供の者たちは大喜び。さっそく帯同《たいどう》した牛馬の背や足を洗い、駅舎《えきしゃ》で休ませると、里人の心配りを満喫《まんきつ》しながら、おもいおもいに休憩をとりはじめました。

そうして聖徳太子は僅《わず》かな重臣たちと、陶李が心を込めて整備しておいた参拝道に足を進められ、瓦寺へと向かわれました。重臣たちも瓦寺までの急峻で長い参道を進むうちに、いつの間にか長旅の疲れがどこかへとんでしまい、両脚に力がみなぎり、体も軽く、気分が爽快《そうかい》になっていくのを感じていました。

「いやー、おどろきました。私のような老臣がこのように早く、急峻な参道をあがれるとは思ってもみませんでした。ははは一ぁ、太子さまの脚《きゃく》

力《りょく》にも負けませなんだ。のー、皆さまがた」

その老臣はうれしさのあまりか、額の汗を拭《ぬぐ》おうともせず、他の重臣たちに賛同を請《こ》いました。太子は笑みを湛《たた》えられ、

「これもみな、瓦寺の御仏のご加護でしょう」

と答えられました。そして、皆とともに瓦が無事に焼き上がった祈願成就の報告を御仏にされたと同時に、今、摂津の国で建立されている四天王寺の大屋根が無事に完成しますようにと願われました。

と、その時です。重臣の一人が「あッ、あれは！」、南の山の尾根を指さして声をあげました。太子も陶李もそちらを振り仰ぎ見ました。尾根の頂《いただ》きには、紫雲《しうん》がたなびき、山の岩肌から金色《こんじき》の光がさしていました。

「おおーぉ！　これは奇瑞《きずい》よ。あの尾根は、何と呼ばれる山ですか？」

太子は陶李に尋ねられました。

「古来より岩戸山《いわとやま》と呼び伝えております。」

陶李がそう答えると、

「あの山は霊山に違いありません。かような奇瑞《きずい》を目にするのも何かのご縁、御仏のお導きに違いありません。今一度、仏の加護にゆだねて、あの

山の頂上《いただき》に立ってみましょう」

　太子は陶李の案内で尾根づたいに岩戸山の頂上へ足を踏み入れられました。するとそこには、紫雲が立ちのぼり、巨岩が累々《るいるい》として、見渡す眼下には西方浄土と見まがうばかりの美しい光景が広がっていました。

　太子はいたく感動され、

「やはりここは、御仏が住まう霊山だったのですね！　ならば、このお山が今後ますます、麓の里人たちの健《すこ》やかな日々を加護《かご》しますように、これらの岩に仏の御姿を彫っておきましょう」

と申されました。だがそのとき、太子の供たちも、陶李たちも、巨岩に仏を彫るための槌《つち》やノミを用意していませんでした。

「太子さま、ここは一度、里へ帰りまして、それらの道具を用意しまして後日、良きハレの日になされては、いかがでございましょう」

　陶李がお伺いを立てました。すると太子は、

「そのようなモノは必要ありません。御仏のお導きで必ず彫らせてくださいます」と、金色の光を放つ巨岩に、自らの両手の爪の一本一本を交互に当てられて筆で和紙にでも描かれるように次々と十三仏[注2]を刻《きざ》まれたのでした。

注1・賊徒討伐

用明二年（五八七）、かねてより対立していた崇仏派《すうぶつは》の蘇我《そが》氏と排仏派の物部《もののべ》氏の間に武力闘争が発生、蘇我軍は物部氏の本拠地、河内国渋河（大阪府東大阪市布施）へ攻め込みましたが、敵の物部守屋《もりや》は稲城《いなき》（稲を積んだ砦）を築き、自らは朴《えのき》の上から矢を放って防戦してきたので、蘇我軍は退却しました。聖徳太子こと厩戸皇子（当時十四歳）は蘇我氏の軍の後方にいましたが、この戦況を見て、白膠木《ぬるで》という木を伐って、四天王の形を作り、「もしこの戦に勝利したなら、必ずや四天王を安置する寺塔《てら》を建てます」と誓願されました。するとその甲斐あって、味方の矢が敵の物部守屋に命中し、「えのき」の木から落ち、崇仏派の蘇我氏が勝利しました。その六年後、推古天皇元年（五九三）、聖徳太子は摂津難波の荒陵《あらはか》に四天王寺を建立しました。

注2・十三仏信仰

十三仏信仰は初七日から三十三回周忌までを其々の仏や菩薩が当てられて、その功徳によって死者への追善供養をするようになったといわれています。その忌日の日程は、初七日（不動明王）、二十七日（釈迦如来）三十七日（文殊菩薩）、

四十七日（普賢菩薩）、五十七日（地蔵菩薩）、六十七日（弥勒菩薩）、七十七日（薬師如来）、百ヶ日（観音菩薩）一周忌（勢至菩薩）三回忌（阿弥陀如来）七周忌（阿閦如来）、十三周忌（大日如来）、三十三周忌（虚空蔵菩薩）です。

〈お婆のかたり〉

むかし、山本村《やまもとむら》のはずれに血原《ちはら》ちゅうさびしいとこがあってな。

ま夜中《よなか》になると、織田信長《おだのぶなが》ちゅう戦《いくさ》の強《つよ》い殿《との》さんにせめられて負《ま》けはった箕作城《みつくりじょう》のおさむらいのおち首《くび》が、火《ひ》のたまになって、ぶんぶんとあたりを飛《と》びまわらはるのや。

ほれにでくわいさもんは、かならず、たかいネツをだいせ狂《くる》い死《じ》にすると、恐《おそ》れられていたんや。

ある日の夕暮れ、ほこを通《とお》りかからはったお坊《ぼう》さんが、ほの火の玉のおち首に出くわさはったので、供養《くよう》をしやはったのや。

ほうしたら、ほれから火《ひ》のたまは、ぜんぜん、でんようになってしもうたのやて。

いくさ火

禅僧《ぜんそう》の弁首座《べんしゅざ》が、全国行脚《あんぎゃ》をしていたときのことでした。東近江山本《やまもと》村（現・東近江市山本町）の塚原《つかはら》で行き暮れてしまいました。

「おう、しもうた。道中《どうちゅう》まごまごしていたのが、あかんかった。どこぞ、今宵《こよい》の宿はなかろうか」

闇に覆われていく野道の先に、弁首座は目を凝らしながら足を急かせました。

すると、古びた宮居《みやい》（神社）がありました。

「おお、ここは貴船《きぶね》の宮居ぞ。今宵はここで夜露《よつゆ》を凌《しの》がせていただこう」

弁首座は一夜を明かそうと、宮居に入り、ゴロリと寝ころびました。ほどなくして心地よい眠気《ねむけ》に誘われ、微睡《まどろ》んでおりますと、

「もうし、ご坊よ、お目覚《めざ》めくだされ」

と声がしました。

「どなたかな？　旅の疲れを癒《いや》そうと、一夜の宿をお借りしたのじゃが……」

弁首座はそう告げながら体を起こし、声の方に目を向けて、ギョッとしました。入り口に立っているのは、浅黄《あさぎ》の銅丸鎧《どうまるよろい》に陣太刀《じんたち》を携《たずさ》えた武者《むしゃ》でした。

「それがしは、この近くの居館《やかた》に住いする者でございます。今宵は主君《しゅくん》の命日ゆえ、ご坊に経《きょう》を唱えていただきたく、お願いにまいりました。お休みのところまことに恐縮《きょうしゅく》ですが、ご足労《そくろう》願えますまいか」

武者が膝《ひざ》をついて、そう頼むではありませんか。

弁首座はその丁寧な物腰《ものごし》に、

「さぞや、高貴なお方のご命日でござろう。供養《くよう》をさせてもらうのは僧の勤め」

と、武者の後について居館に向かいました。

居館につくと、身分の高そうな老女が現れて、

「今宵は、箕作山《みつくりやま》の城主の命日でございます。清浄《せいじょう》な読経《どきょう》を賜《たま》わりたい」

と懇願《こんがん》されました。案内された屋敷の仏間には、螺鈿《らでん》細工がほどこされ、

金銀《きんぎん》まばゆい豪壮《ごうそう》な仏壇がおさめられていました。弁首座は大須弥壇《だいしゅみだん》を拝して観音普門品《かんのんふもんぼん》、般若心経《はんにゃしんぎょう》等、五巻をささげました。すると、周りでともに念仏を唱えていた数十名の家臣や女官たちが、亡き主君を偲《しの》ぶのであろうか、

「丁重《ていちょう》な供養をしていただきました」

と、みな身を震わせて慟哭《どうこく》しました。

読経をすませた弁首座は、老女や家臣に見送られて、もとの貴船の宮居に戻ってきました。そして、再び微睡みかけると、その夢枕に、矢が突き立ち血に染まった鎧を身につけた一人の武将が現《あらわ》れました。

「それがしは、箕作城城主・建部采女正秀治《たてべうねめのしょうひではる》(または建部源八郎秀明ともいう)でござります。修羅《しゅら》の妄執《もうしゅう》にさいなまれておりましたが……」

と言って一息つくと、つぎのように語りだしました。

「永禄《えいろく》十一年(一五六八)九月十二日の未刻《ひつじのこく》(午後二時頃)、総勢六万の大群を率《ひき》いた織田信長軍が攻め入ってきたのでござります。迎え討つ六角方の前線には和田山《わだやま》城があり、その後方に本城の観音寺城《かんのんじじょう》と支城《しじょう》の箕作城があります。この三つの山城は互いに向き合って三角形をなし、眼下を見張

るようになっておりました。そして、六角方では和田山城に防禦《ぼうぎょ》の主力をおいて、織田の軍勢を釘付けにし、観音寺・箕作両城の兵が背後から挟撃《きょうげき》する作戦をとっておりました。ところが信長軍は、その作戦の裏をかき、和田山城と観音寺城には牽制《けんせい》のための軍勢を配しただけで、申《さる》の刻《こく》（午後四時ごろ）、いきなり一番奥の箕作城に迫って来たのでございます。箕作山は標高百丈《ひゃくじょう》あまり（三〇〇メートル）の小山ですが、城へ通じる道は急斜面の北口と東口にしかなく、しかも大樹《だいじゅ》に覆われた要害《ようがい》です。守将はそれがしはじめ、吉田重光《よしだしげみつ》・狛修理亮《こましゅりのすけ》・吉田新助《よしだしんすけ》など、将兵三千余人が防備《ぼうび》にあたっておりました。これに対して織田軍は、東口から丹羽長秀《にわながひで》隊の三千余人、北口から羽柴秀吉《はしばひでよし》隊の二千三百余人が攻め立ててきました。しかし城方《しろがた》の守備は堅固で陽が落ちてもびくともしませんでした。ところが、夜《や》陰《いん》が訪れた戌《いぬ》の刻（午後八時ごろ）のこと、突然、山の中腹の数百ヶ所から火の手があがりました。織田軍が火攻めの策で、松明《たいまつ》をかざして一斉攻撃を展開してきたのです。さしもの城兵たちも、煙に燻《いぶ》されて城から飛び出し、その多くは討死《うちじに》してしまいました。こうして城は落ち、それがしも討死。この陥落《かんらく》を知った和田山城も観音寺城も戦意を失い、将兵は逃亡。領主の六角承禎義賢《ろっかくしょうていよしかた》は夜陰に紛れて甲賀に落ち延びてしまったのでござります」

そこまで語った秀治は、

「御坊の読経に弔《とむら》われ、この世の苦悩から解放され、ようやく成仏《じょうぶつ》に至《いた》りもうした。あつく礼を申します」

穏やかな笑みを湛《たた》えて、スー、と姿を消しました。

その翌朝、

「もうし、お坊さま」

と人の声がしました。ハッとして弁首座が目を覚ますと、村人数人に囲まれていました。

「おう、どなたじゃな?」

弁首座がもう一度、周りを見渡すと、微睡んでいたはずの貴船の宮居は影も形もありません。なんと野道の傍《かたわ》らの塚にもたれて眠っていたのです。

「こんなとこで寝てはって、よーも、ご無事でしたな!」

村人にそう告げられても、弁首座は今ある自分の状況が、理解できません。

「はて、どうしたことやろう?」

昨夜の出来事が、弁首座の脳裏《のうり》をかけめぐりましたが、やはり結果はおなじです。そこで弁首座は「実は……」と、昨夜の出来事を村人に説明すると、

「やっぱり出ましたか！　ほれは、ほれは、何事《なにごと》ものうて良かった。よかった」

村びとは安堵《あんど》の表情をし、

「昔からこのあたりを血原《ちはら》と呼んでおりましてな。夜が更けると、薄気味《うすきみ》の悪いことがおこりましてなあし。ぶおーん、ぶおーんと、ホラ貝の音《ね》が響きわたって、わーッ、わーッと、鬨《とき》（鯨波《げいは》）の声があがって、あたり一面におびただしい火《ひ》の玉《たま》が飛び交《か》いますのや。これは、むかし、織田信長に攻められ敗死した箕作城の将兵の落ち首が、火の玉になったといわれる戦火《いくさび》でしてな。この戦火を見た者《もん》は必ず、高い熱をだいせ狂死《くるいじに》しますんや。ほれやのに、こんな所《とこ》で一夜をあかさはって、ようもご無事で……、くわばら、くわばら」

村人は怯《おび》え声をあげました。

「おう、そんな事が……」

弁首座は昨夜の出来事を脳裏に浮かべながら数珠《じゅず》をもみ、塚に向かって瞑目《めいもく》しました。それ以降、この血原のいくさ火はまったく出なくなったと言い伝わっています。

この合戦から四百五十年を経た今も、毎年、落城した九月に東近江市伊野辺町の正福寺で犠牲者の回向を行なっていますが、この寺は、弁首座が犠牲者を供養した祠を前身とするともいわれています。寺には箕作山合戦の屏風絵があります。

〈お婆のかたり〉

聖徳太子《しょうとくたいし》さんがな、百済寺《ひゃくさいじ》へいかはる途中《とちゅう》のことや。横溝村《よこみぞむら》にきやはったので、村《むら》のひとらが大豆《まめ》をたいて太子《たいし》さんのお馬《うま》にやらはったんやけんど、ほの馬《うま》はとっしょりで、あんまり食《た》べやんと残《のこ》してもたのや。

ほれを見《み》やはった太子《たいし》さんが、
「百済寺《ひゃくさいじ》で用事《ようじ》をすまいさら、もっぺんここにもんてくるさかいに、これを藁《わら》ズトにいれて、残《のこ》いそいてや」
といわはったので、

村《むら》びとがほの通《とお》りにしやはったら、ほの豆《まめ》はネバネバの糸《いと》をひいて、へんな臭《にお》いがして、カビとったんやて。

ほれを横溝村《よこみぞむら》にもんてきやはった太子《たいし》さんがな、おいしいちゅうて食《た》べはって、これは体《からだ》に良《よ》い食《た》べものやと村《むら》の人《ひと》に教《おし》えはったのや。

ほれが、横溝納豆《よこみぞなっとう》の始《はじ》まりやて。

横溝納豆

聖徳太子が百済寺《ひゃくさいじ》をお建てになられた御世《みよ》のことです。太子は百済寺へ行かれる道すがら、横溝村《よこみぞむら》（現・東近江市横溝町）にお立《た》ち寄《よ》りになりました。

村人は太子とその一行をお迎えしました。このとき、村人が太子と同道してきた白馬《はくば》に目を向けると、いやに元気がありません。

「飛鳥からの長旅《ながたび》のせいやろうか。どえろうお馬は疲れているようやな」

「なんせこのお馬は、聖徳太子さんが幼少の頃から可愛がっておられて、人間でいうと傘寿《さんじゅ》（八十歳）をとっくにすぎた、そうとうな歳らしいで」

「ほんなら大豆《まめ》でも軟《やわ》らこう炊いたったらどないやい。精《せい》力がつくのとちがうやろうか」

「ほうやな、きっとお馬は喜んで食べてくれるに違いないほん」

村人は大釜で大量の大豆を炊きました。

ところが白馬に食欲がなく、大半が残ってしまいました。

それを見られた聖徳太子は、

「この村に再び戻ってまいりますから、これを藁《わら》ズトに納めて残しておいてください」

と村人に告げられ、大豆の仕込《しこ》み方法をようよう（詳しく）お示《しめ》しにならー

「はて！　なんで、こんなけったいな仕方《やりかた》で豆を残すんやろうか？」

村人は理由《わけ》がわからぬまま、太子の仰《おお》せの通り、大豆を小分けにして藁ズトに包んで藁塚《わらんど》に納めました。


その数日後のことです。

太子が百済寺からお戻りになりました。

「さッ、さ、残《のこ》いそいた（残しておいた）豆を、お馬に食べてもらおう」

村人は藁ズトの豆をとりだして仰天《ぎょうてん》しました。豆には白カビがはえ、異《い》臭《しゅう》を放っていました。

「ど、どえらいこっちゃ！　く、腐っとーるがな」

触《さわ》ってみると、ネバネバの糸が指にからみつきました。

「とてもやないけんど、こ、こんな腐《くさ》ったモンを、太子さんのお馬に与《や》ることはでけへんでェ」

村人の顔から血の気がひきました。

「さぞかし、きついお叱《しか》りを受けるにちがいないぞ」

村人は大あわて、

「太子さま、ど、どえらいことをしてしまいました。豆を…　くッ、腐らせてしもうてッ…」

と、言葉を詰まらせ、

「い、急いで炊きなおして参ります」

と、その場に平伏しました。

すると、太子はカラカラと大笑《おおわらい》され、異《い》なことを仰《おお》せになりました。

「藁ズトに保存《のこ》しておいた、その豆でいいのですよ」

「ええーッ！」

村人は言葉に窮《きゅう》してしまいました。

「それでいいのです。さ、それをこちらへ」

再度の仰せに、村人は止《や》むを得《え》ず、藁ズトの豆を太子の前に差しだしました。

やはり豆にはカビがはえて長い糸をひいています。

「おおー　よくできました。これでよろしいのです」

太子は村人をお褒《ほ》めになりました。

村人は、ポカーンとして、顔を見あわせました。

太子はいっそう笑みをたたえられ、

「これは食べモノですよ」

と仰せになりました。

「うえッ!　こんな腐ったモンを……」

村人は驚きました。

「そんなに驚くことはありません。ほら、このように食べられるのですよ」

太子は自《みず》ら手の先に豆をつまみのせ、口に入れられました。そして、

「これにはたいそう滋養《じよう》があり、製法《つくりかた》も簡単で、それに保存もききます」

この食べモノの長所《よいところ》を村人にお聞かせになり、村で作りつづけるように
と勧められました。

村人はたいそう喜びましたが、

「ところで、この食べ物の名前は……、何ちゅうのやろうか?」

「はじめて見た物やんかい。わかるわけ、ないがなァ」

誰一人として知っている者はおりません。そこで村人は、この食べ物の名を太子に訊ねました。

「はて、……　この食べ物の名ですか?」

太子はしばらく頭を傾《かし》げておられましたが、

「藁ズトに納めましたね。納めた豆、すなわち、納豆《なっとう》…、それでよろしいのではありませんか」

と仰せになりました。

聖徳太子から教わった納豆は「横溝納豆《よこみぞなっとう》」[注1]と呼ばれ、千四百年を経《へ》た今でも、湖東地方の地場生産食品として知られています。

注1・横溝納豆

横溝納豆は市販納豆のような小粒ではなく、大粒の大豆を使用します。納豆の始まりは平安時代に東北地方へ遠征中の武将が、稲藁に煮た大豆を入れておいたところ糸引き納豆ができた、これが納豆の発祥であるといわれていますが、横溝納豆はそれよりも古いといわれています。横溝村での納豆の食べ方は通常のご飯とともに食べるほか、納豆と味噌、少量の砂糖を混ぜ合わせたオコワ（餅米とうるち米を混合した餅）の焼き餅に挟んで食べます。あるいは、納豆を数珠のように糸に通し、乾燥させて一粒ずつおやつとして食べます。

〈お婆のかたり〉

長村《おさむら》ではずーっと昔《むかし》から年《とし》の暮《くれ》の三十日《さんじゅうにち》に次《つぎ》の年《とし》の頭人《とうにん》の家《いえ》の人《ひと》が、まえの年《とし》の頭人《とうにん》の家《いえ》から大日如来《だいにちにょらい》さんを背中《せなか》にぼいせ帰《い》んで、一年間《いちねんかん》だいじにおまつりするのや。

ほれはな、織田信長《おだのぶなが》ちゅう殿《との》さんに焼き討ちにされた長村《おさむら》の廃流寺《はいりゅうじ》にあった仏《ほとけ》さんでな、この仏《ほとけ》さんはあんざんにご利益《りやく》のある仏《ほとけ》さんやちゅうので、よその村《むら》の人《ひと》がお寺《てら》の焼《や》け跡《あと》からほの仏《ほとけ》さんを持《も》って帰《い》のうとしゃはったのやけんど、おぼとうて持《も》てへんのや。

ほやのに、長村《おさむら》の女《おんな》のひとが持《も》たはると軽々《かるがる》と持《も》てたのや。

ほんでこの仏《ほとけ》さんは長村《おさむら》より外《ほか》の村《むら》にはな、どっこへもいきとうはないとわかって、「ほとけぼし」の行事《ぎょうじ》がはじまったのやて。

ほとけぼし

織田信長軍が東近江に攻め込んできたときのことです。長村《おさむら》（現・東近江市長町）の廃流寺《はいりゅうじ》が織田信長軍に反抗したため、寺は火矢をかけられ、またたくまに炎につつまれてしまいました。

その翌日、この寺の前を、清水中村《しゅうずなかむら》（現・東近江市清水中町《しゅうずなかまち》）の男と、隣村のサンバ（助産師）が通りかかりました。男の妻《よめ》が産気《さんけ》づいたのでサンバを呼びに行った、そのもどり道でした。いまだに廃流寺では残火《のこりび》が燻《くすぶ》っていて、あちこちに黒焦《くろこ》げの死骸《しがい》が折り重なって異臭《いしゅう》を放っていました。

「なーんと、むごいことよ。なまんだぶ、南無阿弥陀仏《なむあみだぶつ》」

ふたりは念仏を唱えながら、そこを通り過ぎようとしました。と、その時です。その焼け跡から、オギャア！　オギャア！　と泣き声がしました。

「うん?……、赤子《あかご》や」

「たしかに」

その泣き声は焼け落ちた寺のガレキの下からでした。ふたりは足を止め、ガレキの隙間《すきま》を覗《のぞ》きこみました。

「やっぱり、この下や。なんでこんな所《とこ》に赤子がいるのや。このままほっとくわけにもいかん。急いで救《すく》いだいさろう（出してやろう）」

ふたりがガレキを掻《か》きわけると、ひとりの女が大日如来《だいにちにょらい》を胸にしっかり抱え、塵灰《じんかい》とガレキの隙間《すきま》に倒れていました。しかも女の足元には、ヘソの緒《お》をつけたままの赤子が泣き叫んでいます。

「まあ、まァ！　こんなところで……」

ここで女が赤子を産《う》んだにちがいありません。男もサンバもこの奇瑞《きずい》に、

「なまんだぶ、南無阿弥陀仏、ようも無事に！　なまんだぶ、なまんだぶ……」

念仏《ねんぶつ》を口にしながら女の顔に手をかざすと、息がある！

「おお！　このいそ（この人）、生きてやはるで」

サンバは赤子を抱きあげ、へその緒をきり、素早く産後処理を済ますと、女の頬《ほお》をピタピタと叩《たた》きました。すると、女の瞼《まぶた》がピクリと動きました。

「おまはんの赤子《やや》さんやぞな。わかるかいな！」

サンバが女の顔に赤子を近づけると、女は瞼をシボシボさせて目を開けましたが、赤子に気を向けるよりも先に、

「だ、大日如来さんは？」

と尋ねました。

「ほれ、よう見なはいな。おまはんが、しっかりと腕に抱いてやはるやんかいな。ほれよりも、はよ、ここから出なはい」

サンバの言葉に、女はキツネにつままれたような顔をしながらガレキの下からはい出ると、あたりを見わたし、

「お寺はこんな哀れなことになってもたけんど、大日如来さんは無事にお守りすることができたんやわ」

女は安心したのか細い笑みをみせました。が、すぐに怪訝《けげん》な顔をして自分の腹に手をやると
「あれッ！　お、お腹が凹《ぺこん》でる！」

と悲壮な声を上げ、サンバに抱かれて泣く赤子を見ました。そしてすぐに、

「わ、わたしの子？」

と聞きました。

「ほうやで。こんなところで産まはったんや。ほれにしても、ふたりともケガがのうて無事やったのは、この大日如来さんのご利益《りやく》やほん」

サンバがそう答えると、女は大日如来に手を合わせました。

「はよ、この子を抱いてやりなはい」

サンバが差し出す赤子を女は受取ると、すぐに母乳を含ませました。そしてやっと、正気《しょうき》を取り戻したのか、サンバと男に助けてもらった礼を述べ、これまでの経緯《いきさつ》を語りはじめました。

「わたしはこの長村《おさむら》の者《もん》やけんど、廃流寺の仏さんは信徒《しんと》をかならずお守りくだはると、南無阿弥陀仏を唱えながら倒されても殺されても、屍《しかばね》を乗り越えて信長軍に抵抗しました……」

当時この女の信仰する一向宗徒《いっこうしゅうと》たちは、本願寺の顕如上人《けんにょしょうにん》が元亀《げんき》二年（一五七一）に発した「仏敵《ぶってき》・信長を断固討つべし」の呼びかけに呼応して、「引けば地獄《じごく》、進めば極楽往生《ごくらくおうじょう》」の筵旗《むしろばた》を先頭に信長軍へたち向かっていました。信徒のほとんどは弓や槍や鉄砲で撃ちたおされましたが、「南無阿弥陀仏」を唱えれば極楽浄土に生まれ変わると信じて、死を恐れていませんでした。

「ほうしてついに寺へ火矢が放たれたのです。寺が焼けだすと、『仏さんを燃やいせはあかん。お救いするんや』と、わたしたちはお堂に飛び込みました。大い《いか》仏さんは大勢で、小さい仏さんは手に抱えたり、おぶったりして運びだいせおりました。そこを信長軍に狙い撃ちにされてもて、ある者《もん》は燃えさかるお堂の炎《ひ》にまかれて倒れました。その中を、わたしは日頃から信仰する大日如来さんをお抱《かか》えして、お念仏を唱えながら、お堂の外に飛びだしました。ほしたらその途端、混乱《こんらん》した人々にうしろを押されて、そのまま転倒《てんとう》してしもうて、今、こうしてお助けいただくまで何がどうなったのやら、なんも分からんのです」

そう語たりおえた女は、なんども、何度も、ふたりに感謝を述べました。

「ほれは、ほれは、エライこっちゃたなぁ」

「ほんでも、こんなにひどい劫火《かじ》やったのに、火傷《やけど》ひとつ負わはらんと、しかも元気な赤子《やや》さんまで生まはって、これはきっと、この大日如来さんのご加護《かご》やぞな」

サンバは大日如来の霊験《れいげん》に感服《かんぷく》しきり。すると男が、

「ほや！　エエことを思いついた。いま産気づいと－るわしの妻《よめ》も、この

大日如来さんのご利益《りやく》におすがりしたら、元気な赤子《やや》を生まいせくだはるに違いない。すまんけんどしばらく、この仏さんを、わしに貸《か》いせくだはらんやろうか」

と、女に頼みました。

「ほれはもう、寺は焼けてもて、お祀りする所がのうなってもた仏さんです。どうぞ、だいじにお祀りしておくれやす」

女は男の前に、仏をさしだしました。

男はたいそう喜び、

「ほれでは、しばらくおあずかりします」

女の手から大日如来を受けとろうとしました。

すると、どうしたことか、大日如来は岩石《いわ》のように重《おも》く、

「お、おっと、と！」

男は前につんのめって仏を落しそうになりました。気を取り直して、もういちど持とうとしましたが、

「なんと重《おぼた》い仏さんや。とてもやないけんど、わしには持てへん」

男は両手をしびれさせ、手首をパタパタと振りました。

ところが、「ほんなことないのになァ。こんなに軽い仏さんやのに」と、長村の女は片手で赤子を抱き、もう片方でその大日如来を軽そうに持ちました。

「これはきっと、この仏さんが、この長村からどこへも行きとうはないと、言《ちゅ》うてやはるのやほん」

サンバにそう言われ、男は、

「ほうかもしれん、ほれではここで妻《よめ》の安産をお祈りさいてもらいますわ」と、大日如来に祈願し、サンバと清水中村へ帰っていきました。そして、女は赤子を胸に抱き、大日如来を背にぼして自宅へと戻っていきました。

その後、長村に廃流寺は再興されませんでしたが、その大日如来は安産祈願にご利益がある仏さんとして、「村で大切にお守りしていこう」ということになり、結婚した年順《としじゅん》に一年間を在家《ざいけ》で大切にお祀りする風習がうまれました。するとそれ以来、村では誰ひとりとして難産で苦しむ女性はなくなり、ますます大日如来を崇敬しました。毎年、十二月三十日になると、大日如来を預かる新頭人の在家の当主が、前頭人の家から大日如来の入った厨子《ずし》を背中合わせにぼして帰って、一年間を大事にお祀りするようになりました。村ではこれを「ほとけぼし」といい伝えて、四百五十年を経《へ》た現在《いま》に続いています。

〈お婆のかたり〉

聖徳太子《しょうとくたいし》さんが百済寺《ひゃくさいじ》へいかはるとちゅう、清水村《しゅうずむら》にたちよらはったので、村《むら》の人《ひと》らは名物《めいぶつ》のイモをたいておもてなしをしやはったのや。

ほれを食《た》べはった太子《たいし》さんは、どえろうおきにめさはって、

「このうまいイモはなんちゅうのや?」

とイモの名《な》をきかはったのやけんど、だぁれもイモの名《な》を知《し》ってるモンがいやはらへんのや。

これではあかんちゅうて、つけはった名《な》が「太子《たいし》イモ」で、ほれがいつのまにやらなまってもて、「タイモ」になったんやて。

たいも

たいへんな知らせがとびこんできました。

里人は大あわて。

「うひゃー、聖徳太子さんが！」

この里にお立ち寄りになられるのです。

「ここをどえろうお気に召いせくだはって、い、今、お建てになっておられる百済寺《ひゃくさいじ》へ向かわはる途中に、ぜひにと言わはったそうや」

「ほら、ここのエエ水を気にいらはったからやろう」

昔からここは、霊水《れいすい》が湧き出る「清水《しゅうず》（現・東近江市清水中町）の里」と呼ばれてきました。

「ほやけんど、こんな片田舎《かたいなか》や、水以外、何もあらへんがな。どないして、おもてなしをしたらエエんや？」

里人は頭をかかえてしまいました。するとそこへ、ひとりの若者が、イモをいっぱいつめこんだ大きな籠《かご》を背負《せお》ってきました。

「いま掘りおこいさばっかしの、おイモや。これで聖徳太子さんをおもてなししたらどやろうか？　この里では昔から、ずーっと作りつづけてきた、ほんまにうまいイモやさかいにな」

このイモはハート型の葉をもつ、サトイモ科の一種です。

「ほらほや。きっと、お気に召いせくだはるにちがいないほん」

やがて、聖徳太子の一行がお着きになりました。さっそく、里人はイモを煮て、太子とお供の人たちにふるまいました。

箸《はし》をお付けになられた太子は、たちまち、にこやかな顔をされ、

「噂には聞いておりましたが、ほんとうにおいしいおイモですね」

と、そっと二杯目の椀《わん》をさし出されました。

里人は大喜び。太子は最後のひとつを口にされると、満足そうに箸を置かれ、

「ところで、このおイモの名は、なんというのですか？」

と、おたずねになりました。

「イ、イモの名？」

里人はたがいに顔を見合わせ、ハタと困ってしまいました。

「おい、おまい、このイモの名、何《なん》ちゅうか知ってるかい？」

「えっ！　イモの名？　イモ……？　や、ないんけえ」

里人の誰ひとりとしてイモの名を知っている者はおりません。

そこで、しかたなく、

「この里では、イモ……と、呼んでおります」

と、おそるおそる申しあげました。

すると、聖徳太子は、

「里では、イモ？　おお、里イモですか、カッ、カッ、カッ」

と大笑《おおわらい》されました。


聖徳太子がお帰りになったあと、すぐに里人たちは、

「イモの名を聞かれて、どえろう恥をかいてもた。こんなことではあかんがァ、なんぞ、これにええ名をつけようやまいかい」

ということになりました。

「聖徳太子さんが言わはったように、里イモにしたらどやろう」

「いやー、里イモではなァー、どうも……」

里人は頭を突き合わせて考えましたが、しっくりした名は、なかなか浮かびません。

「あんなに喜んで食べてくだはったイモやんかい。この誉《ほまれ》をのちのちまで残すようなもんでないとなァ」

「ほんなら、いっそのこと、太子さんが喜んで食べてくれはったイモやさかい、〈太子《たいし》イモ〉にしたらどやろう」

「おお、ほれは、ええやんかい！」

ということで、「太子イモ」と決まりました。

いつの頃からか、それがなまって「タイモ」と呼ばれるようになりました。

〈お婆のかたり〉

聖徳太子《しょうとくたいし》さんが百済寺《ひゃくさいじ》へいかはるとちゅうに、ショウブの花《はな》がさいてて美《うつく》しい水《みず》がわきだいせる沢《さわ》があってなぁ。

ほこで聖徳太子《しょうとくたいし》さんがいっぷくしてやはると、沢《さわ》のなかほどから紫《むらさき》いろの雲《くも》がもくもくとたちのぼったので、村人《むらびと》らにほこをほらさはると、いかい石《いし》のお地蔵《じぞう》さんがでてきやはったのや。太子《たいし》さんは

「このお地蔵《じぞう》さんを、ここにまつったら、この村《むら》は繁盛《はんじょう》するで」

と、いわはったので、村《むら》の人《ひと》らはお堂《どう》を建《た》てて、ほのお地蔵《じぞう》さんを村《むら》のまもり仏《ぼとけ》にしやはったのやて。

沢から地蔵

この日は殊《こと》のほか暑く、聖徳太子のお顔から玉のような汗が吹きだしていました。百済寺落慶法要《ひゃくさいじらっけいほうよう》に列するため、斑鳩《いかるが》からの長旅でした。

「あと半道《はんみち》（約二キロメートル）ほどで百済寺でございますが、お馬も疲れている様子です。さいわい、ここには清い水が涌き出る泉があります。しばし、お休憩《やすみ》なされてはいかがでございましょう」

供《とも》の長《おさ》の言葉に、太子はうなずかれました。そして、白馬の歩みをとめて手綱《たづな》をお供の者に預けられ、あたりを見わたされると沢がひろがり、その水面は色鮮やかな菖蒲《しょうぶ》の花で埋め尽くされていました。

「おう！」、その美しさに感動された太子は、沢の中ほどに向かって静かに手をあわされました。すると突如、沢の水面がガガァと波立って、紫雲《しうん》がモクモクと立ちのぼりました。それに驚いた警護《けいご》のお供たちが、

「すわッ　妖怪《ようかい》なるや！」

腰の剣《つるぎ》に手をかけました。

ところが太子は、「はやまるではありません」と制され、

「この沢の中ほどから尊《とうと》い御仏が、お姿をお見せになります」

と告げられて、

「村人にお頼みして、そこを掘らしめると、よろしいでしょう」

と、供の長に命ぜられました。

集まった村人が、沢の中ほどを掘ってみますと、四尺《よんしゃく》あまり（一二〇センチほど）の大きな石の地蔵尊《じぞうそん》が現れました。

その姿を見られた太子は、

「この地蔵尊をおまつりすれば、この村はますます栄えることでしょう」

と村人に予言され、

「この地を、大沢《おおざわ》村と名付けるとよろしいでしょう」

と申し伝えて、百済寺に向け、白馬のあゆみをすすめられました。

その後、大沢村（現・東近江市大沢町）は太子の予言どおり年を重ねるごとに発展し、元和《げんな》二年（一六一六）、南菩提寺《みなみぼだいじ》村の出屋敷《でやしき》から分離独立して栄えました。いつの頃からか、村人は、この沢のほとりにお堂を建て、そ

の地蔵尊を村の守り仏として大切におまつりするようになりました。お堂は「地蔵院《じぞういん》」と呼ばれ、村人にあつく崇敬《すうけい》され、地蔵尊出現の沢も現在《いま》に「霊沢《れいたく》」と崇《あが》められています。

〈お婆のかたり〉

聖徳太子《しょうとくたいし》さんが奈良《なら》へいなはる途中《とちゅう》のことや、お馬《うま》がどえろうせんど（疲《つか》れる）したので、横溝村《よこみぞむら》の「竜水《りゅうずい》」ちゅう水《みず》を飲《の》まさはったのや。

ほしたらお馬《うま》は元気《まめ》をとりもどしたので、もっぺん西《にし》にむこうていかはると、繖山《きぬがさやま》のてっぺんから紫《むらさき》の雲《くも》がわいて金《きん》ぴかの光《ひかり》がさしてたのや。

ほれを見《み》やはった太子《たいし》さんが、「この山《やま》は仏《ほとけ》さんが住《す》まはる尊《とうと》い山《やま》や」ちゅうて、寺《てら》をつくろうと麓《ふもと》の松《まつ》の木《き》に馬《うま》をつないで山《やま》へ入《はい》らはってな。

ほうして寺《てら》をこしらえる場所《ばしょ》をきめてもんてきやはると、馬《うま》は松《まつ》の木《き》の端《はた》の蓮池《はすいけ》にはまって石《いし》になってたんや。

ほんでこのお寺《てら》の名《な》まいを「石馬寺《いしばじ》」とつけはったんやて。

石になった馬

白馬に乗られた聖徳太子が、東近江《ひがしおうみ》百済寺《ひゃくさいじ》から飛鳥《あすか》へおもどりになる途中のこと、横溝村《よこみぞむら》（現・東近江市横溝町）の地先《ちさき》にさしかかられました。ここにはコンコンと湧きだす泉があり、この水は「病《やまい》も快気《かいき》する」といわれ、村人から「竜水《りゅうずい》」と呼ばれて敬《うやま》われていました。

「百済寺を出立《しゅったつ》しまして、まだ半道《はんみち》（約二キロメートル）あまりだというのに、お馬はたいそう草臥《くたびれ》れております。しばしここで、水を飲ませて休ませてやりとうございます」

供《とも》の長《おさ》が、太子に申しでました。すると太子は、

「わたくしも、すこし疲れました。みなも休みましょう」

と白馬の手綱《たづな》を、供の長に預けられました。

この白馬は、人間の年齢《とし》にすれば傘寿《さんじゅ》（八十歳）をとっくにすぎた老馬です。この旅の出立前《しゅったつまえ》、

「かように歳《とし》を経《へ》たお馬では、今回の長旅。とても、ご無理かとおもわれます」

供の長が太子に上奏《じょうそう》しましたが、

「幼少《ようしょう》のみぎりより、この白馬とは人馬一体《じんばいったい》です」

と、太子自《みずか》ら手綱《たづな》をおとりになり、旅をしてこられたのです。

供の長が白馬に清水を飲ませ、四脚《しきゃく》を洗うと、白馬はたちまち元気を取り戻しました。

「噂にたがわぬ、よき水ですね」

太子は泉をお褒《ほ》めになり、ふたたび、西に向って出発されました。

太子は白馬の歩みにまかせて進んでおられましたが、突然、

「おう、あれは……?」

西にそびえる繖山《きぬがさやま》を指さされました。供の長が目を向けると、その山巓《さんてん》から紫雲《しうん》がモクモクと湧きあがり、神々しい霊光《れいこう》がさしていました。

「あの山こそ、霊地《れいち》にちがいありません」

太子は白馬の歩みを早められて繖山に近づかれました。すると、山すそ

に大きな池がありました。水面は蓮《はす》の花が埋めつくし、瑞雲《ずいうん》たなびく、風《ふう》光明媚《こうめいび》な風景が広がっていました。

「まさにこの景色こそ、西方浄土《せいほうじょうど》、そのものですね」

かねてより太子は仏教に崇敬《すうけい》厚く、淡海《おうみ》（近江）に「鎮護国家《ちんごこっか》・興隆《こうりゅう》仏法《ぶっぽう》・利福衆庶《りふくしゅうしょ》」を祈る霊地をもとめておられたので、

「積年《せきねん》の望《のぞ》みを、この地に得たり。霊地はここにあり」

と占《うらな》われ、この山の良き場所に寺を建立しようと望まれて踏査《とうさ》されることになりました。ところが白馬を山に同道させようとしますと、歩みを止めて、まったく動いてくれません。

「疲れているのでしょう。しかたがありませんね。しばし、ここで休ませてやりましょう」

太子は白馬を蓮池の岸辺の松の樹におつなぎになり、供の者たちを従えて山へ入られました。そうして寺地を定めて山からお戻りになりました。すると、白馬をつないだ松の幹に手綱《たづな》が残っているだけで、その姿がありません。

「はて、馬はいずこに？」

太子が松の根元に目を向けられると、馬の足跡がありました。それを辿《たど》ると、その先の蓮池《はすいけ》に白馬が沈んで石と化していました。

「白馬は、御仏のお膝《ひざ》もとに召されたのです。そして姿を石に変え、わたしに遺《のこ》してくれたにちがいありません」

太子は直《ただ》ちに白馬の菩提寺《ぼだいじ》をこの地に建立《こんりゅう》されることになり、山号を御《ぎょ》都繖山《とさんざん》とされ、

「馬が石になった寺、すなわち石馬寺《いしばじ》よ」

と寺の名を授けられました。

白馬に水を与えた横溝村の泉は、村人から「馬堤《うまづつみ》」と呼ばれて今に残り、馬が石になったとされる霊石《れいせき》も、石馬寺の参道脇《さんどうわき》の沢に残っています。

〈お婆のかたり〉

らんぼうな信長《のぶなが》ちゅうお殿《との》さんは百済寺《ひゃくさいじ》を焼き討ちにしゃはって、お寺《てら》にいやはったお僧《ぼう》さんや女《おんな》のひとやら子《こ》どもまで殺《ころ》さはったんや。

ほれを見《み》ていた家来《けらい》の明智光秀《あけちみつひで》さんが怒《おこ》らはってな、

京《きょう》の本能寺《ほんのうじ》で、ほのお殿《との》さんをやっつけて百済《ひゃくさい》寺《じ》にきやはったのや。

ほこで明智光秀《あけちみつひで》さんは信長《のぶなが》に殺《ころ》されやはった人《ひと》らの供養《くよう》をしようと、むかし聖徳太子《しょうとくたいし》さんがとおらはった「太子《たいし》みち」に石《いし》の地蔵《じぞう》さんをたてはったんや。

ほれからこのみちは「明智《あけち》みち」とも「地蔵《じぞう》街道《かいどう》」ともいわれるようになったんやて。

明智街道

この物語は「明智光秀生存説《あけちみつひで》」を今に伝えるモノの一つです。

歴史上では光秀は、天下分け目の山崎の合戦で敗退して逃走中、小栗《おぐる》栖《す》の竹藪で落ち武者狩りにあって、竹やりで刺《さ》し殺《ころ》されたとされていますが、刺殺《しさつ》した小栗栖長兵衛《おぐるすちょうべえ》への恩賞《おんしょう》はほとんどなく、光秀の首実験《くびじっけん》の記録も曖昧《あいまい》です。この事件は明智光秀の間諜《かんちょう》（斥候《せっこう》）たちが流言飛語《りゅうげんひご》して光秀の逃走経路を惑わすための偽装工作だったのでした。

織田信長を京の本能寺で討った明智光秀は、天正《てんしょう》十年（一五八二）六月十三日、天下分け目の山崎天王山《やまざきてんのうざん》の合戦で羽柴秀吉《はしばひでよし》（後の豊臣秀吉）軍に敗退して勝竜寺《しょうりゅうじ》城を逃れ、比叡山《ひえいざん》を経て坂本城《さかもとじょう》に帰城していました。

こうして明智光秀が帰城したのを知るや、安土城の留守役を務めていた明智秀満《あけちひでみつ》が秀吉軍の追っ手を避け、馬で湖水渡り[注1]をして坂本城に駆けつけました。

「殿には日本国を平安の世に、お導き願わねばならぬ大任がございます。まもなく秀吉の大軍がここに攻めてまいりましょう。万が一のことがござりますれば、信長さまを討たれたことが徒労《とろう》にきします。この城はそれがしどもがお守りいたします故《ゆえ》、ここに控えております尊海《そんかい》、尊覚坊《そんかく》に先導させますので、しばしここをお離れくださりませ」

秀満を筆頭に家臣たちが、次々に、光秀に忠言《ちゅうげん》しました。

尊海、尊覚坊は、比叡山の焼き討ちと百済寺大攻めの二度の大法難《だいほうなん》を、光秀の事前の通報で救われた二僧でした。ふたりの僧の先導で光秀一行は、坂本城を出て舟で琵琶湖をつっきり、愛知川《えちがわ》の河口に入って川を遡《さかのぼ》りました。そして、

「これより上《かみ》は流れが速く、舟ではとてものぼることができません。徒歩にて東に一時《いっとき》あまり、百済寺に到着いたしまする。ここで舟を棄てましょう」

二僧のすすめに、一行は河を離れて街道を東に向いました。

この街道は、聖徳太子が百済寺建立の途次にお通りになった故事から「太

子街道」と呼ばれていて、愛知川から東円堂《とうえんどう》・平居《ひらい》・畑田《はたけだ》・押立神社《おしたてじんじゃ》の裏を抜け、中一色《なかいっしき》・大沢《おおさわ》の地蔵院前《じぞういんまえ》、北花沢《きたはなざわ》を径《へ》て百済寺に通ずる、重要な往還《おうかん》でした。

一行が街道に入ると、信長が東近江に侵攻した戦乱の凄愴《せいそう》に目を奪われました。長村《おさむら》の廃流寺《はいりゅうじ》・下岸本《しもぎしもと》村の西明《さいみょう》寺・北菩提寺《きたぼだいじ》村の長福《ちょうふく》寺・小田《こた》苅《かり》村の慈眼《じげん》寺・勝堂《しょうどう》村の九品寺《くぼんじ》・今在家《いまざいけ》村の法光《ほうこう》寺・僧坊《そうぼう》村の弘禅《こうぜん》寺など、寺は寺領を失い、僧の姿もなく、戦禍《せんか》からすでに十年が過ぎたというのに、いまだ折り重った法堂のガレキに雑草がおおいかぶさり、荒れ放題でした。里人も家を焼かれ、田畑を踏みにじられ、その暮らしは貧しく、寺の再興など、とてもできる状況《ありさま》ではありませんでした。

「今思うに、あまりにも酷《むご》い仕打ちであった……」

光秀は自らが信長の家臣のひとりとして、この暴挙に加わったことを、今さらながらに悔やみました。

街道の先は百済寺です。光秀一行は、業火《ごうか》の跡に再興《さいこう》されたばかりの小さな庵《いおり》に入りました。

「本能寺で信長さまを討ったが、これは、この国から弱肉強食《じゃくにくきょうしょく》、権謀術数《けんぼうじゅつすう》、猜疑讒佞《さいぎざんねい》のうずまく狂気の世を終止させるためであった」

光秀は悔悟《かいご》の念に苛《さいな》まれることもあったが、必ずや、この世を平安に導いてみせると、自らをふるいたたせながら仏門に身を委《ゆだ》ねました。

月日は流木のごとく過ぎました。

戦乱で荒れ放題の太子街道に、いつしか異形《いぎょう》の僧が立つようになりました。

明智光秀のその後の姿です。

「武門を離れて仏に帰依した身。先の戦乱で受難した人々や、それがしに従って命を落とした家臣たちに供養の仏を」

僧は、太子街道の六丁《ろくちょう》（約六〇〇メートル）ごとに、地蔵の建立を思いたちました。今に残るこの地蔵には、自然石の中央《なかほど》に地蔵の尊像を刻み、その像の左右《さゆう》に、例えば（みぎえち川　ひだりたかの）と道標《みちしるべ》が刻まれています。これは、街道をゆきかう旅人の道標と同時に、人の心も悪《あ》しきに迷わぬようにと願ったものだと伝わっています。やがて、この街道は「地蔵街道《じぞうかいどう》」

とも、「明智街道《あけちかいどう》」とも呼ばれるようになり、以降、この街道では戦乱やもめごとは、まったくなくなりました。

そしてその僧は、七年間の仏門修行を経て、「天海《てんかい》」と名のりました。

天正《てんしょう》十七年（一五八九）、徳川家康《とくがわいえやす》は駿府《すんぷ》で天海に帰依《きえ》しました。やがて天海は、家康の影となって世を太平に導いていきました。家康の死後も二代将軍秀忠《ひでただ》を補佐して家康の墓陵《ぼりょう》を久能山《くのうざん》から日光に移し、百済寺の地元・甲良《こうら》出身の藤堂高虎《とうどうたかとら》に命じて、甲良大工の棟梁《とうりょう》・甲良豊後守宗広《こうらぶんごのかみむねひろ》に日光東照宮を建てさせました。三代将軍家光《いえみつ》の代になっても影の宰相《さいしょう》として権勢《けんせい》をふるいました。そして、家康を神格化して三百年の太平の世の基礎を築いて寛永《かんえい》二十年（一六四三）に没しました。その年齢は百七歳とも一一八歳であったともいわれています。

比叡山麓、長寿院《ちょうじゅいん》の不動堂に、「奉寄進《きしんたてまつる》、光秀、慶長二十年二月十七日」と刻まれた石灯籠《いしどうろう》があります。慶長《けいちょう》二十年（一六一五）は、歴史上で明智光秀が殺されてから三十三年目に当たります。これも明智光秀の生存説を裏付ける物証の一つかもしれません。また甲良大工の宗広は日光東照宮のあちこちに明智の桔梗紋《ききょうもん》をとどめ、奥日光に通ずるいろは坂の台地を

「明智平《あけちだいら》」と名付けました。

また天海は生前、甲良大工の宗広に命じて、織田信長が焼き討ちにした百済寺の本堂や、仁王門、山門（赤門）等を再建させています。

注1・秀満の湖水渡り伝説

安土城の留守を守っていた明智光秀の長女範子の婿・明智左馬助《さまのすけ》秀満が明智軍の敗報を知るや全軍をまとめて坂本城に駆けつけました。その途次、秀吉側の敵将・堀秀政に阻まれ、湖に馬を乗り入れ全軍、坂本城にたどりつきました。

〈**お婆のかたり**〉

如来村《にょらいむら》の寺《てら》の本堂《ほんどう》で泣《な》き声《ごえ》がするので、和尚《おっ》さんがよう調《しら》べてみやはると、

ご本尊《ほんぞん》の目《め》のしたが濡《ぬ》れてんのでびっくりしゃはって、

「なんで仏《ほとけ》さんが泣《な》かはるのや」

と不思議《ふしぎ》がってやはると、ほの晩《ばん》の夢枕《まくらもとで》に仏《ほとけ》さんがでてきやはって、

「帰《い》にたい、いにたい」

というて泣《な》かはったので、不思議《ふしぎ》におもって東光寺《とうこうじ》の和尚《おっ》さんを寺《てら》に来《き》てもらはって、

「どこに帰《い》にたいのやろうか」

と、しらべてやはると、

むかし、らんぼうもんの信長《のぶなが》ちゅう殿《との》さんにお寺《てら》を焼《や》かれやはったときに、

如来村《にょらいむら》の寺《てら》へかくさはった僧坊村《そうぼうむら》の仏《ほとけ》さんやとわかったんや。

ほんで、ほの仏《ほとけ》さんらをぜんぶ如来村《にょらいむら》から僧坊村《そうぼうむら》にかえさはったのやて。

泣き仏

東近江の僧坊村《そうぼう》（現・東近江市僧坊町）に、

「僧坊《そんぼ》の僧坊の金襴堂《きんらんどう》、はげたか、むけたか、提灯堂《ちょうちんどう》…♪」

という里唄《さとうた》がいまに残っています。

むかし、僧坊村に紫雲山弘禅寺《しうんざんこうぜんじ》という七堂伽藍《しちどうがらん》の立派なお寺がありました。寺領は東に百余町歩《ひゃくよちょうぶ》の薪山《まきやま》があり、村人のほとんどは寺の僧侶《そうりょ》で、おおいに栄えていました。ところが戦国時代、信長にうとまれてことごとく焼きはらわれてしまいました。


その大攻《おおぜめ》から数日後のことでした。

信長の焼き討ちを耳にした如来村《にょらいむら》（現・東近江市如来町）の僧が、

「僧坊村の方々は、どないなされたことやら…」

と案じて僧坊村を訪れました。すると災禍《さいか》をのがれた村人は、村の片隅で焼け残りの柱や材木を三角に組み、その上に稲藁《いなわら》をかぶせただけの小屋《いえ》で暮らしていました。寺の焼け跡には、ガレキと共に黒焦げになった遺体《いたい》が折り重なって悪臭《あくしゅう》を放っています。

「なんと、惨《むご》いことよ」

僧は手を合わせて数珠《じゅず》を手向《たむ》け、

「これでは亡き人の霊が、浮かばれません。ご回向《えこう》をさせていただきましょう」

生き残った村人とともに、無残に焼けただれた仏像や遺骸《いがい》を片付け、祭壇《さいだん》を設けました。さて、如来寺の僧が回向をはじめようとすると、村人のひとりが、

「ちょっと、待っとーくれやす。今ここに、ご本尊をお連れしてお祀りさいてもらいます。どうか、ほの前でご回向《えこう》を」

と、頼み込むではありませんか。

異《い》なことを言うものや。焼け跡のどこにも、ご本尊の姿なんぞ、なかったものを。いったいどこにおられるというんやいな？

僧はいぶかりました。

すると村人は、「実は…」と、僧を村外れの野小屋に案内しました。

僧がその小屋を覗くと、なんと！　ご本尊の金色等身如来《こんじきとうしんにょらい》のほか、勢至《せいし》菩薩《ぼさつ》、観音菩薩《かんのんぼさつ》、白檀坐像延命大菩薩《びゃくだんざぞうえんめいだいぼさつ》などの仏が菰《こも》に包まれ、整然と安置《あんち》されていました。

「おぉ！」

如来寺の僧は目を見はりました。

村人は信長軍の焼き討ちを事前に察知《さっち》して寺から仏を運びだし、この野小屋に匿《かくま》っておいたのでした。その経緯《いきさつ》を聞いた僧は、

「ようも、こんだけの仏さんを、お守りしてくだはったもんや」

と驚いたのと同時に、村人の信仰心のあつさに感動しました。


さて、如来寺の僧が供養をおえて僧坊村を立ち去ろうとすると、村人が、

「弘禅寺は丸焼け、この寺のお坊さんも皆殺《みなごろ》しにされた今、これらの仏さんをわしらの手では、とてもやないけんどお守りすることはでけません。やがてこの村に寺が再興される日が来るやろうとは思いますが、ほれまでの間、如来村のお寺さんで預かっていただき、お祀りしてもらえまへんやろうか」

と頼み込んできました。

如来寺の僧はしばし、その返答に困惑しましたが、このまま放っておけば、やがてこれらの御仏は窮《きゅう》するか、散逸《さんいつ》してしまうにちがいないと察し、

「それでは僧坊村でこれらの仏さんを、お祀りなさるお寺が再興されるまでの間、如来寺で大事にお祀りをさせてもらいましょう」

と、仏のすべてを預かることにしました。

ところが、幾星霜《いくせいそう》を経ても、僧坊村の弘禅寺は再興されませんでした。そして時の流れとともに諸仏を如来寺に預けたことはおろか、この村に弘禅寺があったことさえ、人々の記憶から忘れ去られてしまい、ただ、

「僧坊の僧坊の金襴堂、はげたか、むけたか、提灯堂…♪」

そんな里謡《さとうた》だけが、残ったのでした。

それから三百年の月日が流れた、幕末の頃のことでした。

如来寺で不思議な出来事がありました。僧が夜の勤行《ごんぎょう》をしようと、本堂に入りますと、どこからともなく、すすり泣きがします。

「おやッ！　ダレが泣いているんや？」

僧は本堂の隅々まで目を配りましたが、その泣き声はどこでするのか、まったくわかりません。そのうちにその泣き声は、ピタリ、と止みました。

「空耳《そらみみ》かいな？　どうやら、きょうは疲れておるようや」

僧はさほど気に留めませんでした。ところが次の夜も、僧が本堂に入った途端、すすり泣く声がしだすではありませんか。

「はてはて、妙《みょう》なことよ？」

いくらあたりを見渡しても、それがどこでするのか、まったくわかりません。キョロキョロと本堂を見まわたしているうちに、その泣き声はまたも、ピタリと止みました。

「おう、今夜も気のせいやろうか」

と思っていましたが、その泣き声は、次の夜も、また次の夜もします。

「はてはて、不思議な…」と、僧は呟《つぶや》きながら何気《なにげ》なしに金色等身如来仏に目を向けて、「うッ」と息をのみました。

なんと、如来仏のホホから雫《しずく》がたれ、その足元の床が、てんてんと濡《ぬ》れているではありませんか。

「ど、どないなされたのや！」

僧にはとんと、如来仏の泣かれる理由《わけ》がわかりません。

するとその夜のことです。

「なんで、仏さんは泣かはるのや？」

と、僧が思案にくれながら寝間でウトウトしかけた時でした。突然、あたり一面が、まばゆい黄金の光で照らしだされました。驚いた僧がとび起きると、金色の如来仏が、スーッと、目の前に現れました。

「うッ、ひゃーあ、如ッ、如来さんがーッ！」

僧はその場に伏して、手を合わせました。

すると、

「帰りたい、かえりたい」

と、如来仏がお告げになりながら、ホトホトと涙を落《お》とされるではありませんか！

「どど、どちらに？……」

僧は声を詰まらせながらお伺《うかが》いをたてました。しかし、如来仏はなにもお告げにならずに、スーッと姿を消されました。

これはタダ事ではないと察した僧は、東近江地方の故事《こじ》に詳しい平尾村（現・東近江市平尾町）の東光寺《とうこうじ》の老僧を寺に招いて、この不思議な出来事をみてもらうことにしました。

するると、東光寺の老僧は、

「これは押立郷《おしたてごう》僧坊村、弘禅寺の御仏にちがいなかろう。戦国の世《よ》、織田信長の劫火《ごうか》におうたその寺の諸仏が、ここにお移りになられたと聞いておる。きっと、その御仏たちが元の僧坊村へ帰りたい、と言うておられるのじゃ」

と見立てました。

それを聞いた如来寺の僧は、

「なるほど、そうか！」

と言うなり、ポンと膝をうち、

「すっかり忘れておりましたが、そういえば、わたしも幼ない頃、先代の住職から、ほんなハナシを、チラッと耳にしたことがございました」

と、東光寺の老僧とその由来を話し合っている所へ、勢いよく五、六人の男たちが本堂に駈《か》け込んできました。

男たちは押立郷の僧坊村の若衆たちでした。

僧坊村でも、村長《むらおさ》の夢枕《ゆめまくら》に金色等身如来がお出になり、

「帰りたい、かえりたいと泣かはったので、さっそく、お迎えにまいりましたのや」

と、男たちは告げました。

「仏さんはよっぽど僧坊村に帰りたいのやな。すぐにも、お戻しせなあかん。ご本尊のほか、勢至菩薩や観音菩薩、白檀坐像延命大菩薩もすべて、僧坊村の仏さんのはずや」

東光寺の老僧の助言《じょげん》により、預かっていたすべての仏を、如来村から僧坊村にお返しすることにしました。

若衆の手によって、その仏たちが僧坊村の観音《かんのん》堂に安置されたのは慶応《けいおう》元年（一八六五）七月十八日、暑い暑い日のことでした。村人は団子《だんご》をつくってお供えし、ご詠歌《えいか》を唱和して三百年ぶりの仏さんたちの里帰りをよろこびあいました。それ以降、毎月十八日には観音講をお勤めするようになりました。そして毎年、七月十八日の縁日《えんにち》には、如来寺から仏像をお迎

えした当時の若衆たちにちなみ、今に団子をつくってお供えする習わしが伝承《でんしょう》されています。

〈お婆のかたり〉

聖徳太子《しょうとくたいし》さんが百済寺《ひゃくさいじ》へ行《い》かはる途中《とちゅう》のことや。
花沢村《はなざわむら》でお昼《ひる》ごはんをたべやはってな、
ほの箸《はし》を足元《あしもと》の土《つち》に刺《さ》さはったら、
ほの箸《はし》から芽《め》がでて大《いか》い木《き》になってな。
村《むら》ではほの木《き》を「ハナの木《き》」ちゅうて大切《たいせつ》に守《まも》ってきやはったんやが、

あるときや、
大風《おおかぜ》でほの木《き》がこけかかってしもうてな。

困《こま》らはった庄屋《しょうや》さんが比叡山《ひえいざん》の偉《えら》い和尚《おっ》さんにそうだんしやはると、

「大風《おおかぜ》でたおれた、ほの木《き》の大枝《おおえだ》で仏《ほとけ》さんをこしらえて、お祈《いの》りしゃい。ほしたらハナの木《き》はもとのようになるで」

といわはったのや。

ほの通《とお》りにしゃはると、こけかかったハナの木《き》がもとにもどったんで、村《むら》のひとらはおお喜《よろこ》びしゃはったんやて。

風損したハナの木

文化《ぶんか》元年（一八〇四）の初秋のことでした。

夜ふけ、暴風雨《おおかぜ》がうなりをあげ、北花沢村《きたはなざわむら》（現・東近江市北花沢町）を襲ってきました。家がギシギシとあえぎます。村人たちは寝つかれぬままに、身を寄せあっておびえていました。

そんな暴風雨も、夜が明ける頃にはすっかりおさまり、村人たちが外に出てみると、青空が顔をのぞかせていました。

「よんべの暴風雨は、ほんまにごうぎやった（大きかった）な」

「どえろう気をもんだけんど、おかげさんで家もとばんと、よかったわい」

村人たちはそう言い合いながら、あたりに飛び散ったガラクタのかたづけに精《せい》をだしていました。

と、その時です。

「ひぇー、どど、どえらいこっちゃ！」

ひとりの若衆が顔をひきつらせて、村人たちの前に駆《か》け込んできました。そして、「ハ、ハ、ハナ」と言葉を詰まらせながら、自分の肩越《かたご》しに背後《うしろ》を指さしました。

「ハナが、どないしたのやい?」

村人が尋ねましたが、男は目をむいて声を震《ふる》わせながら、「ハ、ハナ、ハナが…」と言うばかりです。

「これッ、しっかりせんかい」

一人の村人が男の背中をポンと叩きました。男は、目を白黒させて、生唾《なまつば》をゴクンと呑みこんで、

「ハ、ハナの木が、わいとこのお婆《ばば》の腰《こし》みたいになっとーるんや」

と叫びました。

村人は驚いて、ハナの木[注1]のところへ飛んで行きました。すると、ハナの木は根元から傾き、大枝の一つはぽっきり折れて、ぶっ飛んでいました。

このハナの木は、昔、聖徳太子が百済寺《ひゃくさいじ》建立の途次《とじ》、この地でご休息になって食事をとられ、その箸をこの地に刺されたところ、これが繁茂《はんも》して巨樹《きょじゅ》になったものと伝えられていました。ハナの木に対する村人たちの畏《い》

敬《けい》の心は極《きわ》めてあつく、

「ハナの木は汚《けが》してはならん。一本の小枝も折ってはならぬ。落ち葉一枚《いちまい》持《も》ち出してもならん。木に触《ふ》れてもならぬ」

と、大切に保護されてきたご神木でした。それが見るも無残な姿になっていたのです。

「わしらの家では、屋根の萱《かや》ひとつ飛んどらんというのに、ハナの木だけが、こんな哀れなことになってもて」

「きっとこの木が、わしらの家の風除《かざよ》けになってくだはったのや」

「ほやけんど、こんなに傾いた木を、このままほっておいたら枯れてしまうがな」

思案《しあん》のつかない村人たちは、村長《むらおさ》の甚五兵衛《じんごべえ》の屋敷へすっとんでいきました。

「どえらいことや」

「あのままでは枯れてまう」

「何とかせにゃ」

村人たちは甚五兵衛の前でも大騒ぎです。

頭を抱えた甚五兵衛は、「どうしたものやら」と、しばらく思索《しさく》に耽《ふけ》っていましたが、ハタ、と膝《ひざ》をうち、「ほや！　豪恕《ごうじょ》さんや」と叫びました。

「きっと、豪恕《ごうじょ》さんならエエ知恵を授けてくだはるにちがいない」

豪恕は隣村の南花沢村《みなみはなざわ》（現・東近江市南花沢町）の庄屋・吉右衛門家の出身で、松尾《まつお》村の金剛輪寺《こんごうりんじ》で修業をされました。「沢を掘らんとする者には美水を与え、悪水も清水に変え、豪恕の書《しょ》を家に掲《かか》げれば火除《ひよ》け、厄難除《やくなんよ》けのお符《ふだ》になる」といわれ、後《のち》に比叡山延暦寺《ひえいざんえんりゃくじ》の第二十世座主《ざす》になられた高徳《こうとく》傑僧《けっそう》でした。

この難渋を聞いた豪恕は、

「この度の風損枝《ふうそんし》で阿弥陀如来仏像《あみだにょらいぶつぞう》を新彫して念誦《ねんじゅ》なされば、ハナの木に新しい命が授かって栄えることでしょう」

と、甚五兵衛と村人たちに知恵を授けました。

さっそく甚五兵衛は、阿弥陀如来像の新彫準備に取り掛かりました。木の乾燥や彫刻に時を費やして阿弥陀如来像が出来あがったのは、ハナの木が傾いてから一年ちかく経った、文化二年（一八〇五）七月六日のことでした。そして、豪恕が開眼《かいげん》供養をし、村人みなで念誦しました。

その翌朝、村人たちがハナの木の様子を伺いにでかけると、なんと不思議！　ハナの木は村の豊穣《ほうじょう》を祝うかのように枝葉をひろげて、天に向ってたちあがっていました。村人たちはその奇瑞《きずい》に、「おう！」と驚きの声を上げ、豪恕の霊力《れいりょく》に畏怖《いふ》しながらも、とびあがって喜びあいました。

やがて、ハナの木は豪恕の予言どおり栄えて、村は豊穣《ほうじょう》にわきました。

阿弥陀如来像の開眼供養をした豪恕の一文は次の通りです。

江州愛知郡花澤邑之花木者往古
　聖徳太子所植置成、年代既久、凡以七人手可測、
三四年前大風之砌吹落一枝西澤甚五兵衛以其枝彫阿弥陀尊、
持来予之寺乞開光、予悦為之供養者也
　文化二丑乙年
　　七月六日
正覚院前大僧正（豪恕）㊞

また、右記文中の文化二丑乙年は、西暦一八〇五年にあたる。

注1・ハナの木

ハナの木は南・北花沢村(現・東近江市南・北花沢町)に一株ずつあり、大正十年(一九二一)三月三日、絶世の奇樹として国の天然記念物に指定されました。『我ガ弘ムル仏法末世ニ及ビ益々隆盛ニ赴カバ、コノ木モ亦年々ニ成長シ、春秋二季ノ彼岸ニ必ズ、ハナヲ開クベシ』と、聖徳太子の聖言が今にのこっています。四月上旬に開花する花は、濃紅色で五重の花弁は蓮華《れんげ》に似て二十五しべになっており、あたかも二十五菩薩の相に見えます。この木を信仰すれば安産し、病気も平癒するといわれて今に信仰されています。

〈お婆のかたり〉

彦根《ひこね》のお城《しろ》の女中《じょちゅう》さんに赤《あか》んぼがでけはってな。
お殿《との》さんが
「だれがおなかの子《こ》のおとうさんや」
と聞《き》かはったのやけんど、いわはらへんかったので、
ほの女中《じょちゅう》さんはお手打《てう》ちにされてもてな。
ほれがあとで、お殿《との》さんの跡取《あとと》りさんと分《わか》ったのや。
女中《じょちゅう》さんと初孫《はつまご》を殺《ころ》したのを悔《く》やまはったお殿《との》さんは、
天寧寺《てんねいじ》ちゅうお寺《てら》を建《た》てはって
「花沢村《はなざわむら》のハナの木《き》でご本尊《ほんぞん》を作《つく》れ」
といわはったんやが、
この木《き》は聖徳太子《しょうとくたいし》さんのお手植《てう》えの木《き》やちゅうことで村《むら》中大騒《じゅうおおさわ》ぎになったんや。
ほんで村長《むらおさ》がこまってやはると夢《ゆめ》のなかに
女中《じょちゅう》さんがでやはって納屋《なや》の前《まえ》で
「あっこにある大風《おおかぜ》で折《お》れたハナの木《き》の枝《えだ》をお城《しろ》にもっていって、たのんでみたら」
といわはったので、ほのとうりにしやはると、お殿《との》さんもおおよろこびしやはって、
ほれでご本尊《ほんぞん》をこしらえやはったのや。
ほれが今《いま》ある天寧寺《てんねいじ》のハナの木《き》観音《かんのん》さんやて。

ハナの木観音

花の木の風損枝《ふうそんし》にはもう一つ、後日談がありました。

それは豪恕《ごうじょ》が阿弥陀如来像に開眼供養をしてから十四，五年が過ぎた文政《ぶんせい》二年（一八一九）の春のことでした。男子禁制の彦根の井伊家《いいけ》の槻御殿《けやきごてん》が大騒ぎになりました。ここに奉公する腰元《こしもと》のひとりが、子を宿《やど》したというのです。平素、小事にはめったに口を出さない十一代藩主・井伊直中《いいなおなか》公でしたが、ことがことだけに黙過《もっか》することができなくなり、子を宿した腰元の若竹《わかたけ》を、お軽《かる》の間《ま》で、折檻婆《せっかんばばあ》にきびしく詰問《きつもん》させました。

ところが、若竹は懐妊《かいにん》を認めたものの、

「いかなるお仕置きも、おうけいたします」

と、ガンとして子を宿した相手の男の名を明かしませんでした。

そこで直中公はやむなく、

「不義密通《ふぎみっつう》は、お家のご法度《はっと》」

と、若竹を手打《てう》ちにしました。

ところが、後に、宿した子の親が直中公の長子《ちょうなん》・直清《なおきよ》とわかりました。自らの短慮《たんりょ》で腰元と初孫《ういまご》の命を絶った直中公は深く心を傷め、禅宗《ぜんしゅう》の名僧・寂室堅光《じゃくしつけんこう》の意見によって文政《ぶんせい》十二年（一八二九）、母子追善供養《ぼしついぜんくよう》のために彦根の里根山《さとねやま》に天寧寺《てんねいじ》を建立しました。

そして、直中公は、

「この寺の本尊を、いかに優《すぐ》れた霊木《れいぼく》で新彫すべきか」

と思案されたすえ、

「領内くまなく探索し、それにふさわしき霊木を見つけだせ」

と家臣に命じました。

すると、愛知《えち》郡押立郷《おしたてごう》の花沢村《はなざわ》（現・東近江市北花沢町）にりっぱな霊木があることがわかりました。家臣の報告によりますと、

「その昔、聖徳太子が百済寺《ひゃくさいじ》建立の途次《みちすがら》、太子自ら食事の箸をその地に突き刺され、この地に仏教が繁栄するなら、この木も栄えて花をつけるであろうと誓《ちか》われましたところ、立派な巨樹《たいぼく》になったものでございます。村人がハナの木と呼び伝えている、この樹こそ、この寺のご本尊にふさわしい

ご霊木なりと思われます」

とのこと。

直中公は、「それは良きものが見つかったものよ」と喜ばれ、「すぐにも、そのハナの木を村長《むらおさ》に命《めい》じて献上《けんじょう》させよ」と命じました。

直中公の命をうけた花沢村では、蜂の巣をつついたような騒ぎになりました。

古来よりこのハナの木は、聖徳太子のお手植えの木として木《こ》の葉《は》一枚粗《そ》末《まつ》にしてもバチが当たると、親から子、子から孫へと代々受け継いできた霊木です。

「いかにお殿さまのご命令やというたかて、とてもやないけんど応じかねる」

「お手打ちになったかて、ハナの木だけは守り抜くぞ」

村人の誰ひとりとして、霊木を献上すべきと言う者はいませんでした。

花沢村の村長・甚五兵衛《じんごべえ》は、

「村人の反対を押しきって、ハナの木を献上すれば、どえらい騒動《そうどう》になりかねん。どうしたらエエやろうか」

直中公の命令と村人の思いのはざまに立たされて、難渋《なんじゅう》に難渋を重ね、身も心も疲れ果てていました。

そんなある夜のことです。寝間《ねま》でウトウトとしかけた甚五兵衛を、

「じんごべえさん、甚五兵衛さん……」

と、女が染《し》み入る声で呼ぶではありませんか！

甚五兵衛が声のするほうを見ると、赤子《あかご》を抱いた女が寝間の入り口に立っています。びっくりして、

「お、おまえはダレや！」

と叫びました。すると女は、

「わたくしは、彦根のお城の槻御殿で井伊直中公にお仕えしておりました、腰元の若竹ともうす者でございます。ご縁があってお殿さまのご嫡男《ちゃくなん》・直《なお》清《きよ》さまのお子を授かりましたが、直清さまに不都合《ふつごう》をおかけしてはならぬ一心で、ふたりの仲をかたくおし隠しましたところ、不義《ふぎ》はお家のご法度とお殿さまの逆鱗《げきりん》にふれ、お手打ちとあいなり、このような姿になり果てました。ところがこのたび、お殿さまのお情《なさ》けにより、この村のご霊木で、

わたくしたち母子追善《ぼしついぜん》のため、ご本尊をつくれとのありがたいご指示《しじ》。しかしながらこの一件で、甚五兵衛さんや村の方々が、ふかく難渋なされておられるご様子……、甚五兵衛さん、ほれ、ご霊木があそこに、あそこに……」

そう言い残すと、女はゆるりと甚五兵衛に背を向け、寝間の入り口から出ていきました。

「ちょ、ちょっとお待ちくだされ」

甚五兵衛が女のあとを追いますと、女は納屋の前まできて、スーッと、その壁に吸いこまれて消えいりました。

「い、今一度、ご、ご霊木の在処《ありか》をーッ」

と叫んだところで、甚五兵衛は目を覚ましました。

「ひゃー　今のは夢か！　それにしても不思議な夢を見たものや。女が言《ゆ》うた〈霊木があそこに……〉とは、どんな意味《わけ》があるというのやろう？」

甚五兵衛は、女の言葉を何回も反復《はんぷく》しました。

「女の消えうせた納屋……、女の消えうせた……」

甚五兵衛は意味《わけ》が分らぬままに、考えあぐねていると、ふと、十数年前の大風で風損《ふうそん》したハナの木を納屋に保存《のこ》しておいたのを思いだしました。

「おう、あれにちがいない。そうじゃ、あれをお殿さまに献上して、お許しを願おう。たとえ、『かような枯枝《かれえだ》ごときを持ちこみ、わしを瞞着《まんちゃく》なす魂胆《こんたん》か、許《ゆる》しがたし』と逆鱗《げきりん》に触れ、お手打ちになったかて、命など惜しくはない」

翌朝、甚五兵衛は納屋から風損枝《えだ》を取り出すと、それを携《たずさ》えて彦根へ急ぎました。

彦根城についた甚五兵衛は、ハナの木の縁起《えんぎ》や村人の霊木にたいする尊崇畏敬《そんすういけい》、それに不思議な昨夜の夢を直中公に詳しく話し、

「これをもって、代《か》えさせていただきとうございます」

と願いでました。すると直中公は深く頷《うなず》かれ、

「またもや過《あやま》ちを重ねるところであった。花沢村のハナの木を切り倒せば、領民みなの深き恨《うら》みを受け、たとえ立派な本尊を新彫したとて、腰元母子が喜ぶはずはなく、霊を鎮《しず》めるどころではなかったにちがいない。よくぞ、その霊木を保存《のこ》しておいてくれたものよ」

と感謝の意を表《あらわ》されました。そして、

「これで本尊の聖観音菩薩《せいかんのんぼさつ》の新彫をいたすように」

と京の七条西仏所《しちじょうにしぶっしょ》の仏師・駒井朝運《こまいちょううん》に命ぜられました。そして、直中公は残った枝で自ら地蔵の尊像《そんぞう》を刻まれると、甚五兵衛に下付して、その功を賞されました。この縁起は甚五兵衛が、文政十二巳丑年（一八二九）に記した文書[注1]として今に、ご子孫の西澤甚四郎家に保存されています。

その後、直中公は、

「人の命は五百の寺を建てるよりも重い」

と、五百羅漢《ごひゃくらかん》を刻ませて天寧寺に祀りました。そして独《ひと》り、腰元の若竹と初孫の冥福《めいふく》を本尊の聖観音菩薩に祈りつづけました。この聖観音菩薩は「ハナの木観音」と呼ばれ、今に、天寧寺に祀られています。

注1・北花沢の縁起

北花沢村に残る地蔵尊縁起の一文は次の通りです。

抑この地蔵菩薩はかしこくも我、大君佐和山の城主井伊直中公の御自作なり。

其因をたづね奉れば、文政十二年巳とし大主公佐土根山の麓に一宇を新に御建立あらせ玉ひて天寧寺と号し、御本尊を此国の名木にて自きざませ玉んとて、ここかしこを尋させ玉ひけるが、愛知郡押立郷なる華沢の里に世を経し花の木と云霊木有これなんよかるべしとのはへ奉りければ村長に迎てとめこかしと有りしが、其御答に曰く、古き諺にいはゆる往古聖徳太子百済寺の御本尊観世音の尊像を作らせ玉ひける折から此沢にてひるのおものを棒玉ひければ、いこわせ玉ひける折しも、此処に華の木の種子を出し、自植玉ひし木なりけるとて今は神木と祭り玉ひければいかがやせましと御答申奉りける。その理りむべなりとありしが、其ころ大風に折し枝有しを村内にこひとめて我ねき仏を木の工にきざませし、其元つ木の半を秘し置けるを棒奉りければ御満足あらせ玉ひて天寧寺の御本尊三尊仏の御面像を自作らせ玉ひて其むくひとして此地蔵像を御自作ありて下賎の家に御下し玉へり。安置し奉りけるこそ難有御事にぞ有ける。

文政十二巳丑年（一八二九）

愛知郡押立郷

花沢　　　　甚五兵衛　　九拝

〈お婆のかたり〉

織田信長《おだのぶなが》ちゅうお殿《との》さんがなぁ、
明智光秀《あけちみつひで》ちゅう家来《けらい》に京《きょう》の本能寺《ほんのうじ》で殺《ころ》されはった六月《ろくがつ》
ごろになるとね、
駒寺《こまでら》の鏡塚《かがみづか》の石《いし》に、いかいフクガエルがすみついて、
まいばん「悲《かな》しい」ちゅうて泣《な》くのや。
この石《いし》はな、
お殿《との》さんにかわいがられてやはった女中《じょちゅう》のお鍋《なべ》さんが、
お殿《との》さんが殺《ころ》されやはったのを聞《き》いて、
この石《いし》にすがりついて泣《な》かはったのや。
ほんで村《むら》の人《ひと》らは、ほの石《いし》を「お鍋《なべ》さん」と呼《よ》んでな、
いまもお鍋《なべ》さんの恨《うら》みがのりうつったフクガエルが、
ほの石《いし》の上《うえ》で悲《かな》しいちゅうて泣《な》くのやて。

駒寺のお鍋石

東近江神田《かんだ》村小字駒寺《こまでら》（現・東近江市神田町）の旧家の一隅に、六〇センチ四方、高さ三〇センチほどの「鏡塚《かがみづか》」と呼ばれる石積みがあり、その上に人の頭大《あたまだい》ほどの石が祀られています。村ではそれを「おなべさん」と呼び伝えて、四百五十年間、香華《こうげ》を供えて礼拝を絶やさず、今にいたっています。

村の古老はこの塚の石について、

「わしらが子どもの頃や。夏のはじめになると、ほの塚の石にフクガエルちゅう大い《いか》カエルが棲みついとって、夜《よ》ごとに奇妙なコエで啼《な》いとってな。子どもらが悪さをしたり、ぐずったりすると、家の者《もん》に、『ほれ、おなべさんが悲しい言う《ちゅ》て、泣いてやはるで』とおどかされて、気色悪う《きしょくわる》なって、すぐにおとなしゅうなったもんや。村の伝承では、織田信長《おだのぶなが》の側室《そくしつ》に『お鍋《なべ》の方《かた》』と呼ばれた女《ひと》がおって、その人に纏《まつ》わるもんや言う《ちゅ》ことや。なんでも信長には沢山《ようけ》の側室がおったそうやけんど、唯一《ゆいいつ》実名が判明しとって、信長が最も気を許したお愛妾《めかけ》さんやったんやそうな」

そのお鍋の方は小田（旧野洲郡北里村）の豪族・高畠源兵衛《たかはたげんべえ》の四女で、幼少の頃より才知《さいち》に長《た》け、人々から「小田小町《おだこまち》」と評されるほど容姿秀麗《ようししゅうれい》な娘でした。そして、お鍋が婚期《こんき》を迎えて嫁《か》したのが、近江の守護・佐々木六角氏の被官《ひかん》で永源寺《えいげんじ》村の高野館《たかのやかた》に住まう、小椋右京亮実澄《おぐらうきょうのすけさねずみ》でした。

当時、右京亮は相谷《あいだに》に関所を設けて伊勢に通じる八風街道《はっぷうかいどう》の実権を握っていました。街道は大規模な商隊を組んだ山越《やまごえ》商人[注1]たちの往来で賑わい、関所には多額の役銭（通行税）が入ってきました。右京亮はその財力を活用し、藤切《ふじきり》川上流の水を引く堀越井《ほりこしゆ》の工事を完成させました。それにより山上在《やまがみざい》をはじめ南一帯の丘陵《きゅうりょう》地帯は、広大な美田に変わり、財政は豊かでした。

お鍋はそういう生活基盤に支えられて夫婦仲も良く、長男・甚五郎《じんごろう》、次男・松千代《まつちよ》の二児を儲け、武将の妻として、かいがいしく立ち働く日々を送っていました。この頃が、お鍋にとって最も充実していました。時代が戦国の世でさえなければ、お鍋の人生は順風満帆《じゅんぷうまんぱん》、悲運など、ほど遠い生き方ができたはずでした。

そのお鍋の人生に悲運を背負わせたのが他でもない、飛ぶ鳥を落《お》とす勢いで近隣諸国を切り従えていた織田信長でした。その頃、信長は伊勢北部を平定し、京や堺の様子をうかがうために八風街道をしばしば利用していて、右京亮に危ないところを幾度も助けられるという交友関係にありました。

その信長に上洛のための絶好のチャンスが訪れました。

というのも、室町幕府第十三代将軍足利義輝《よしてる》が三好三人衆《みよしさんにんしゅう》と松永久秀《まつながひさひで》らに攻め殺される争乱が起こったのでした。義輝には嫡子《ちゃくし》が無く、実弟の義《よし》昭《あき》が次の第十四代将軍になるはずでした。ところが三好三人衆と松永久秀らは、いとこの義栄《よしひで》を次期将軍に担ぎ出したため、双方が激しく対立。身の危険を感じた義昭は、北国《ほっこく》の雄・朝倉義景《あさくらよしかげ》のもとに避難し、その勢力をバックに次期征夷大将軍の座をねらうべく虎視眈々《こしたんたん》と準備をすすめていました。

だが、肝心の当主の朝倉義景が義昭のために動こうとしませんでした。

そうこうするうちに、義栄が第十四代将軍の座についてしまったのです。

この報せ《しら》に業《ごう》を煮《に》やした義昭は、供の者らと密かに朝倉のもとを去り、破竹の勢いで領土を拡充していた織田信長に援助を求めました。そして、上洛の機会を狙っていた信長も、

「武力だけで上洛すれば反抗する者も多く犠牲が多い。義昭公を奉じて上洛すれば良き口実ができるというもの」

と双方の利害が一致し、信長はこれを快諾《かいだく》。永禄十年（一五六七）、義昭を押し立てて、上洛作戦を開始したのでした。

その大事業の障壁となったのが、隣国の近江の守護・観音寺城主の佐々木六角承禎でした。承禎は現将軍の足利義栄を手中にする三好三人衆や松永久秀らと気脈を通じていて、信長とは対立の立場を表明していました。そこで信長は、義昭の使者に自分の家臣を添えて、「領地の安堵《あんど》と京都所司代の地位を与える」ことを条件に、六角承禎に協力するよう説得しました。

ところが六角承禎は、

「成り上がり者の信長など、とるにたりぬ虚《うつ》けじゃ」

と、信長の懐柔《かいじゅう》を無視してしまいました。

一方、お鍋の夫、小椋右京亮は、それからも密かに織田信長と親交を深

めていました。その裏には佐々木六角家の内紛が尾をひき、右京亮も他の家臣たちと同様、六角承禎に対する忠誠心が薄れていたからでした。

「信長の手のうちの者が通れば、かならず打ち取れ！」

という六角承禎の意に反し、右京亮が袋のネズミ同然になりかかっていた織田信長の命を救うという事件がおこったのは、永禄元年（一五五八）のことでした。信長が部下八十余名を従えて東近江に入り、京、近江の情勢を探っていたところを、六角軍が察知して追跡しました。ところが、あと一歩というところで逃走する信長の一行を、小椋右京亮が雨の八風街道越えで伊賀《いが》に抜ける道に手引きをし、岐阜への帰城を手助けしたのでした。

六角承禎はそれを知り、激怒しました。

「右京亮奴《め》は奸賊腹《かんぞくばら》じゃ。織田信長に密通《みっつう》しおって、成敗してくれるわ」

家臣の蒲生定秀《がもうさだひで》に命じて右京亮を攻めさせました。佐々木六角家で随一の軍事力を誇る蒲生家とまともに戦っては勝負になりません。右京亮は信長に救援を求めましたが、信長の援軍が到着するまでに永源寺は焼け落ち、最後の砦だった八尾城《やおじょう》も落城してしまいました。右京亮は炎上する城中で自刃、長男の甚五郎と二男の松千代は蒲生定秀に捕えられてしまいました。

だが、お鍋には悲嘆にくれている暇などありませんでした。

「殿が自害なされたいま、子どもたちを取り戻さなければ、小椋家の再興はままならない」

と、お鍋はすぐに、信長に救援を求めて岐阜城へ赴《おもむ》きました。


そのお鍋を、信長はひと目みて目を見張りました。小田小町と評判のお鍋です。右京亮に嫁《か》し、二人の子を授かってからも、その艶《あで》やかさは増すばかり。

「北に浅井のお市の方、南は小椋のお鍋の方、と、民が噂をするのもむりからぬことじゃ。まさに聞きしに勝る、美しさよ」

信長は絶賛《ぜっさん》しました。そして、

「右京亮どのをお助けすることはできなかったが、宿敵・佐々木六角承禎は必ずや打ち滅ぼしてみせる。そして、ふたりのお子も蒲生定秀より取り戻し、わが家臣に取り立てようぞ」

と、お鍋に約束しました。

永禄十一年（一五六八）九月十二日、信長は徳川家康の援兵と、尾張・美濃・

伊勢などから集めた六万有余の大軍で東近江に侵攻。一夜で支城の箕作《みつくり》城《じょう》を落城させました。それに恐れをなした六角承禎は、夜陰にまぎれて遁走《とんそう》。本城の観音寺城は、あっけなく落城しました。

その時に蒲生定秀も信長旗下に降《くだ》り、幽閉《ゆうへい》されていたお鍋の二児、甚五郎と松千代は無事に助けだされました。そして、約束通り、ふたりは信長の家臣に取り立てられました。

信長はこの勢いに乗じて、ただちに、京にはびこる松永久秀らを撃破。傀儡《かいらい》将軍の足利義栄を阿波《あわ》へ追いやり、義栄はそこで病死するという悲運な最期を遂《と》げました。ついに信長は、念願の上洛を果たし、第十五代将軍足利義昭を誕生させることに成功しました。そして、自らは後見役《こうけんやく》に就きました。

それからのお鍋は栄華《えいが》の頂《いただき》をいく毎日でした。やがてお鍋は、側室として信長との間に「信高《のぶたか》、信吉《のぶよし》」の二人の男子を生みました。天正四年（一五七六）、信長はお鍋の口添《くちぞ》えもあり、お鍋の実家、小田の高畠源兵衛の領地に近い安土《あづち》山に、天下布武の拠点として安土城をたてました。

「おまえの口切《くちきり》で、よき城ができたぞ。褒美《ほうび》じゃ」

信長は小田にりっぱな別業《べつぎょう》（別荘）を構えて、お鍋に与えました。館のまわりには堀がめぐらされ、栄華《えいが》を極めた館からは弦歌《げんか》のさんざめきが漏れ、満々とたたえた水の上には屋形船が浮かび、天下統一の大事業にいたく心労した信長は、お鍋の膝枕で英気を養いながら、こころ静かな夢のような日々を過ごしていました。この館で、お鍋は長女の於振《おふり》を生みました。

この頃のお鍋の栄耀《えいよう》を、

「なんと、お幸せなお方さま」

と人々は羨《うらや》み、

〝小田はよいとこ♪

　お鍋の方が、とのをまねいたことがある♪〟

と子守唄に組み、歌いつがれて、今に残るほどでした。

ところが、満つれば缺《か》くるが世《よ》の習《なら》いです。

天正十年（一五八二）五月の暮れ、小田の別業に信長が顔をだすと、こうお鍋に告げたのでした。

「サル（後の豊臣秀吉）が中国攻めに難儀《なんぎ》して、わしの出陣を請《こ》うておるわ。支援に行ってやらねばなるまい。松千代はいまだに戦《いくさ》を知らぬゆえ、今回が初陣《ういじん》じゃ。同道させるぞ」

松千代は先夫・小椋右京亮の間に儲けた次男で、いまだ童顔の残る十六歳。信長の小姓を務めていました。

お鍋もやはり人の親、初陣に出るわが子が、心配でなりません。

「なーに、まごまごしておるサル（秀吉）の尻を蹴飛《けと》ばしに行くまでのことよ。心配は無用じゃ」

こうして信長は、十八名の小姓組隊に松千代を加わらせ、五月二十九日、安土城を出立《しゅったつ》しました。この時、お鍋の目にうつった二人の勇姿が数日後に永遠の別れになろうとは、誰が予測できたことでしょうか。

信長が安土を出立してまもなくの六月二日のこと。右京亮の墓前と帰農《きのう》している旧臣たちに、松千代の初陣を報告しておこうと、お鍋は小田の館をでて高野に向かっていました。その道すがら、東近江の神田村（現・東近江市神田町）の駒寺《こまでら》を通りかかりました。

「おお、ここは、おふみの実家がある村じゃ。久しく会《お》うておらぬゆえに、ちと、顔を見ていこう。息災《そくさい》にしておろうかのー」

ふみは、お鍋が右京亮のもとに嫁ぐとき、嫁ぎ先の小椋家で生まれてくる子の育児の手助けや教育係にと、実家の母がつけてくれた侍女《じじょ》でした。ふみは世話をしていた甚五郎と松千代が蒲生の人質になり、お鍋が「小椋家再興」を願って岐阜の信長のもとに赴《おもむ》くことになったのを機に、ここ駒寺に宿下《やどさ》がり（引退）をしていたのでした。それ以来、ふみとは疎音《そいん》の内に、月日が過ぎていました。

そして今一つ、お鍋には気がかりなことがありました。それは、この村に、村人からも篤く信仰されていた高麗寺《こうらい》という七堂伽藍《しちどうがらん》を有する大寺院がありましたが、鯰江一揆の折、この寺が湖東の百済寺と共に信長に反抗したため、焼き討ちにされて荒廃《こうはい》し、天を突くような大伽藍《だいがらん》も、三重の塔も、すでに崩れ落ちていました。これもみな、信長の暴挙だと、村人は思っているだろうし、信長の側室になったお鍋に仕えていたふみは、さぞや村で肩身の狭い思いをしていることだろう。

「ふみのためにも、なんとか高麗寺の修復《しゅうふく》をしてやりたいものよ」

お鍋はそう考えながら、ふみの実家の前に輿《こし》をつけさせました。ふみは供の者の計らいで、すでに庭先まで迎えにでていました。

「お方《かた》さま……おなつかしい」

ふみは晴れやかな笑みをたたえ、お鍋の足元にかしずきました。

「何をそのような仰々《ぎょうぎょう》しい。さぁさ、立って、そなたの顔を見せておくれ」

お鍋は腰をかがめて、ふみの手をとりました、と、その時です……

「た、大変でございます」

留守居をしていた家臣の一人が、お鍋一行の後を息せき切って追ってきました。顔がひきつっています。ただごとではない、と、すぐに察しがつきました。

「どうしたのですか」

お鍋が尋ねると、

「今朝卯《う》の刻《こく》(午前六時頃)、明智日向守光秀《あけちひゅうがのかみみつひで》さまが謀反、京の本能寺《ほんのうじ》を襲撃」

信長を護《まも》っていた小姓の一八名も奮戦したが、武運《ぶうん》つき、本能寺は炎に包まれ、織田信長以下、全員が討死したとのこと。

「信長さまと、松千代さまが……、お果てになられたと……、お、お戯《たわむ》れを」

ふみにとっても、わが子のように世話をしてきた松千代です。

お鍋もふみも、それがまことであるといわれても、信じられるものではありません。ふたりはしばらく唇をかみしめていましたが、やがて、「ウォーッ」と、生け垣のそばの塚におかれた頭大ほどの石に取りすがって泣き崩れました。この石こそ、ふみが今朝方、小さな塚を築いて割れた鏡をそこに埋め、その上に置いたばかりの石でした。その鏡とは、お鍋が岐阜の織田信長のもとへ赴《おもむ》く直前に、

「武士の魂《たましい》が刀《かたな》なら、女の魂は鏡。小田の母から頂いた大事なものだが、今日をかぎりにこれを割り、武将の妻たる女をすてる」

と告げ、鏡を割ろうとしたのを、侍女のふみが、

「わたくしは、小田のおこひち（お鍋の母の尊称）さまの口添えで、この小椋の侍女にさせていただきました。わたくしにとりまして何にもかえがたい鏡です。どうか、わたくしにおさげ渡しくださいませ」

と懇願したので、お鍋がふみに下付《かふ》したものでした。それがどうしたことか、今朝方、ふみが鏡を覗けば、鏡面に大きなひび割れができていました。鏡は割れるとすぐに処分するのが、習わしです。

「なんぞ不吉なことが起こらねばよいが、いそいで埋めねばならぬ」

ふみは庭先に塚をつくって、割れた鏡をそこに埋め、その上に石を置き

ました。それが「おなべさん」と呼ばれ、今に駒寺に残る鏡塚の石なのです。

それからのお鍋の身には、今までの栄華がうそのように、不幸が次々と襲いだしました。

天下の情勢は急変しました。謀反人の明智光秀を織田家中で誰よりも先に、「山崎の合戦」で打ち滅ばした羽柴秀吉（後の豊臣秀吉）が、信長の直孫で三歳の三法師（織田秀忠の子。秀忠は本能寺の変で自刃）を担ぎだし、

「上様の跡目は、三法師さまでご異議ござるまい」

と強引に決め、自らがその後見の座を手中にして実権を握ったのでした。

すると、それまでお鍋にかしずいていた侍女どもまでが、あからさまに、

「たかが側室じゃないか」

と反目して、お鍋のもとから離れだしました。

悪いことは続くもので、加賀の松任《まつとう》城主になっていた長男の甚五郎が「狂死した」との知らせが届き、お鍋は悲嘆にくれました。だが一方で、「羽柴秀吉と柴田勝家の争いに巻き込まれ、思い悩んだ末に近江の寺に出家をした」とか、「行方不明になった」との噂がたちました。ところが家臣たちは、誰一人、その噂の真意を確かめようとせず、口にする者さえあり

ませんでした。それが真実なら、主君の出奔《しゅっぽん》を止められなかった重臣たちはみな、その責任を問われます。それを恐れて、「城主狂死に仕立てた可能性が、高い」と、お鍋は思えてなりませんでした。当時は、「城主狂死」ということにすると、家臣の責任にならなかったからです。この事件によって、お鍋と小椋右京亮の間に儲けた二人の男子は絶えてしまいました。

武将の妻としての誇りを捨てて信長の側室になり、

「必ずや、小椋のお家の再興をはたしてみせる」

と願ったお鍋の望みも、槿花一朝《きんかいっちょう》の夢に終わってしまったのでした。

ただし、三男の信高と四男の信吉は織田信長の実子ということもあって、秀吉から近江愛知郡《えちぐん》菩提寺村《ぼだいじ》、神崎郡山上村《かんざきぐんやまがみ》の計二百七石を信高に、四男の信吉には神崎郡高野村《たかの》、犬上郡宇尾村《うお》など計一千石が与えられました。そして、お鍋は信吉に与えられた小椋右京亮の旧領地の高野館に移り住み、帰農した旧臣に囲まれて小さな幸せを手に入れたかに思えました。

ところが、秀吉の死後、信高、信吉の兄弟は慶長五年（一六〇〇）の関ヶ原の一戦で石田三成《いしだみつなり》にくみして破れ、領地は徳川家康に没収され、またたくまに浪々の身になってしまったのです。それを苦にした信高が、慶長七年（一六〇二）に死去。信吉は永源寺村高野に蟄居《ちっきょ》を命じられてしまいました。さらに、長女の於振《おふり》は徳川家康の従兄弟にあたる水野忠胤《ただたね》に輿入《こしい》れしていましたが、慶長十四年（一六〇九）九月、忠胤が茶会の席で囲碁の勝敗をめぐって刃傷事件を起こし、翌月、忠胤は家康から死罪を申し渡されるなど、お鍋の晩年は子どものことでも惨《みじ》めでした。

やがて、お鍋は有為転変《ういてんぺん》の世をはかなみながら京都に移り住み、慶長一七年（一六一二）六月二十五日、数奇な運命を呪いつつ、六十九歳の波乱の生涯を閉じました。法号は「興雲院月燐宗心大姉《こううんいんがつりんそうしんだいし》」と言います。

「明智光秀の謀反さえなかったなら……」

死んでもお鍋の妄念《もうねん》は消えがたく、いつしかその怨念《おんねん》がカエルの姿になって、毎年信長が討たれた六月頃になると、駒寺の「おなべさん」の石に棲みついて、怪しくも悲しげな啼き声をあげるようになった、と今に伝承されています。

また、安土城址近くの小田にも、これによく似たハナシが残っています。村の東北にある「お鍋の屋敷跡」といわれる小高い塚に、「おなべ松」と呼ばれる松の古木がありました。この松には、「信長を暗殺した仇の光秀を憎みながら死んだお鍋の妄念《もうねん》が、白い蛇の姿になって棲みついている」と噂され、この松を切ろうとしたり、あたりを掘ったり、妄《みだ》りに触ったりすると、発熱して体がしびれたりすると言い伝わっていました。里人からは、「白蛇のたたり」と恐れられていましたが、その古木は枯れてしまったのでしょうか、現在は、若い数本の松が塚の上に残っているだけでした。

注1・山越商人

鎌倉、室町の頃、近江と四日市を結ぶ三重県菰野町千種から根ノ平峠を越え、東近江永源寺の甲津畑までの「千種越え」と、近江と桑名を結ぶ菰野町田光から八風峠を越え、永源寺町杠葉尾までの「八風越え」があり、そこを往還する商人群です。彼等は保内の野々郷（現八日市市金屋、中野、今崎、蛇溝、市辺、小今）、三津屋、玉緒そのほか石塔、沓掛、小幡などの人々で、山越商人と呼ばれています。東海地方の産物（主に麻の苧・紙・木綿・土の物・塩・曲物・油草・若布・鳥類・海苔類・荒布・魚類・伊勢布など）を持ち帰り、近江や京都で販売しました。この頃の商人は、後世の近江商人のように、一人か二人が天秤棒を担いで行商をするというのでなく、多人数がキャラバンを組んでの行動です。応仁二年に京都の僧が千草越えで道づれとなった一行を、「荷を担ぐものの百余人、護衛の者六、七十人、荷を積んだ駄馬はその数を知らず」という盛んなものであったと書き残しています。商人のほかに、「千種越え」では、文明五年（一四三七）の蓮如上人、弘治二年（一五五六）の公家山科言継、元亀元年（一五七〇）の織田信長などがあり、「八風越え」では、大永六年（一五二六）の連歌師宗長、天文二年（一五三三）の山科言継、弘治三年（一五五七）の六角義賢、永禄二年（一五五九）の織田信長などと記録が残っています。このように、多くの人々の通行で賑わった峠越えも、やがて東海道や中山道の宿駅の整備、信長による安土城下での楽市の開設と、山越商人の通行禁止令などによって衰退していきました。

〈お婆のかたり〉

あの織田信長《おだのぶなが》ちゅう戦《いくさ》の強《つよ》いお殿《との》さんと鯰江《なまずえ》城《じょう》のお殿《との》さんが戦《いくさ》をしやはったときのことや。

百済寺《ひゃくさいじ》が鯰江城《なまずえじょう》に兵糧米《ひょうろうまい》ちゅうお米《こめ》を送《おく》ったり、お城《しろ》の女《おんな》のひとや子《こ》どもらをかくまってやはったのが織田《おだ》のお殿《との》さんにばれてもてな。

怒《おこ》らはったお殿《との》さんが、勝家《かついえ》ちゅう戦《いくさ》の強《つよ》い家来《けらい》に

「こんな寺《てら》は焼《や》いてまえ」

と命令《めいれい》しやはったのや。

ほしてほの寺《てら》に勝家《かついえ》が攻《せ》め込《こ》んできやはると、寺《てら》の杉《すぎ》の木《き》が大蛇《だいじゃ》になったり、杉《すぎ》の葉《は》が矢玉《やだま》になって反抗《はんこう》したんやが、ほれでもしまいにお寺《てら》は焼《や》き討《う》ちされてもて、

お坊《ぼう》さんや女《おんな》のひとや、子《こ》どもまでもぜんぶ殺《ころ》されてしまはったのや。

百済寺の焼き討ち

天正《てんしょう》元年（一五七三）四月十一日のことです。

「お館《やかた》さま（織田信長）の命《めい》じゃ。全山《ぜんざん》、ことごとく焼き討ちにいたせッ」

織田信長軍随一の猛将・柴田勝家は百済寺を囲む将兵《しょうへい》に檄《げき》を飛ばしました。たちまち、「ウオーッ」と周囲をゆるがす鬨《とき》（鯨波）の声があがりました。

その将兵の一人に「猿《ましら》の才蔵《さいぞう》」がいました。子どもの頃より山野に親しみ、小柄ながら頑強《がんきょう》な体躯《からだ》と猿のような俊敏《しゅんびん》さを身につけていた上に、狩《かり》弓《ゆみ》の技《わざ》に秀《ひ》いで、十五間《じゅうごけん》（約三〇メートル）ばかり向うの木に吊るしならべた永楽《えいらく》銭を一矢も外さず射抜くことができました。その俊敏さと弓の腕前を見込まれて、柴田勝家に弓矢組の兵卒に取り立てられていました。そしてもう一つ、才蔵に科された重要な役目がありました。それは敵陣の様子を探るスッパ（間諜《かんちょう》）としての働きでした。才蔵は幾度も敵地にはせ参じ、その度に重要な情報を取って相手の作戦の先を封じ、柴田勝家の手柄《てがら》に貢献していました。

また、今回の攻撃目標となった百済寺は、聖徳太子が百済国《くだらのくに》の「龍雲寺《りゅううんじ》」を模して創建された天台宗の古刹で、天下布武を掲げて近江平定に乗り出した織田信長も、彼一生の祈願寺と定めて深く帰依《きえ》していました。

ところが百済寺は、密《ひそ》かに、信長の近江平定に頑強に抵抗する近江の守護・佐々木六角承禎義賢、義治《よしはる》親子が立て籠もる鯰江城に兵糧米《ひょうろう》をおくったり、城の女や子どもたちを寺の一室に匿《かくま》っていました。しかも事もあろうに、鯰江城の重臣・森備前守《もりびぜんのかみ》の一子を百済寺の南谷光浄院に、城主・鯰江貞景の弟を南谷鯰江堂の院主にして身を忍ばせるのにも協力していました。そしてこの二人は、僧兵や宗教一揆を操っていたうえに、寺に宿して軍議を重ねていた信長軍の動向をもさぐっていたのでした。

それを、スッパとしての才蔵が暴《あば》いたのです。その報告に、信長が烈火《れっか》のごとく怒《いか》ったのは云うまでもありません。

こうして百済寺焼き討ちの火蓋《ひぶた》は切って落とされました。

「それ、射かけよッ、討《う》ちかかれッ」

鋭い号令が山中に轟き、敵味方の鯨波《げいは》の声に混じって、鋼鉄の相食《あいは》む激突音が沸き起りました。柴田軍の行く手を五ノ谷《ごのたに》川が遮《さえぎ》っており、そこには極楽橋《ごくらくばし》がかかっていました。今回の合戦で才蔵は、その橋を渡って正面から攻めかかれとの命《めい》を受けていました。

ところがどうしたことか、今回の焼き討ちに限り、才蔵は妙な胸騒《むなさわ》ぎを覚えてなりませんでした。寺は三百坊はおろか、一説には千坊近くもあると言われる大寺院ですが、僧兵がいたとしても、それは広大な寺域の規律を守る警備集団で戦歴乏しく、たいした戦力ではありませんでした。それにひきかえ、信長軍は戦歴豊富なプロの軍団です。柴田勝家、佐久間信盛、蒲生賢秀、丹波長秀などの豪勇の将揃い。特に柴田軍の兵力は群を抜いていました。

「何なあー、赤子の手を捻《ひね》るような戦に、極楽橋を渡っての殺生《せっしょう》かい」

まさに大人と子どもの戦いです。それでも才蔵は、警戒しながら極楽橋に迫っていきました。すると、三十間（約七〇メートル）ばかり向うの五ノ谷川の岸にそびえる大杉の陰に、十数名の僧が仏像を担いで走っていくのが見えました。

「ややッ、坊主どもが逃げおるぞ！」

ただちに組頭が、

「ケッ、こしゃくな、くそ坊主めが！　追って射殺《いころ》してしまえッ。それにあれは、この寺の本尊（十一面観音菩薩）に違いなかろう。戦利品にして、わがお館《やかた》さまに献上しようぞ」

と命じました。才蔵たちは川岸を駆け登り、シダの群生を踏み潰して逃走する僧の一団を包囲しました。

すると、一人の僧が必死の形相で、

「ご本尊の御前を妨《さまた》げるのか！　おろか者めらがッ。仏罰《ぶつばつ》じゃ、仏罰を受けようぞ。そこをどけい。ええーい、どかぬかッ」

と叫びました。百済寺の高僧・尊海《そんかい》と弟子の尊覚《そんかく》たちと思われました。だが、柴田勝家麾下《きか》の軍団は、かの「比叡山焼き討ち」を体験した将兵ばかりです。

「仏罰など、何あろうや」

と嘲《あざけ》って、矢を放ちました。その矢の勢いに僧の一団が、あわや、と思われた次の瞬間、どこからともなく無数のネズミが現れ、勝家軍が打ち込んでくる矢に飛びついて受け止めたかと思うと、百済寺の僧兵たちのいる陣へ運んで行くではありませんか。

「おおー、仏の化身《けしん》か!……」

才蔵は目を見張りました。と、突然、ゴゴーッと大地がひと揺れし、風もないのに、一本の大杉《おおすぎ》が枝葉を大きくくねらせだしたではありませんか。才蔵は、くわっ、と目を剥《む》きました。そして、仏罰の恐ろしさを知ったのは、その直後でした。大杉の幹が大きく二つに裂けたかと思うと、火炎のような舌をはきだした大蛇の姿に変身して、才蔵たちを睨みつけました。しかも、その杉の葉は無数の矢弾《やだま》となって降り注いできたのです。

「おお、ぶ、仏罰じゃ!」

才蔵も将兵たちも絶叫し、一目散《いちもくさん》に、その場から退散しました。

また、この奇怪な出来事はその大杉だけにとどまらず、寺の焼き討ちを果たした総大将の柴田勝家が燃え盛る本堂を巡察《じゅんさつ》していると、突然、火炎の中から怒《いか》れる仏が現れて、その玉眼《ぎょくがん》で、クワッ、と睨みつけられたのでした。

「うおーッ、ふ、不動明王《ふどうみょうおう》じゃ!」

さすがの柴田勝家も大いに驚き、つき従う重臣らとともに、その場にひざまずいて合掌《がっしょう》しました。

やがて信長軍は全山をことごとく灰燼《かいじん》にし、僧はおろか、鯰江城から避《ひ》難《なん》していた女、子どもに至るまで容赦なく虐殺《ぎゃくさつ》しました。極楽橋がかかる五ノ谷川の水は、その犠牲者の血で真っ赤に染まったといわれています。

だが、さすがに柴田勝家も、杉の矢弾に守られた僧たちの手によって大萩《おおはぎ》の「西ヶ峰・不動堂」にかくまわれたご本尊の十一面観音菩薩までは、手を出さなかったといわれています。後に、そのときの大杉は「矢杉」と呼ばれて、いまに人々の崇敬をあつめています。

また、猿の才蔵は百済寺焼き討ちのあと、信長に反抗し続けた近江の守護・佐々木六角承禎義賢、義治親子を匿った鯰江城を攻め落したのを最後に、柴田家中を出奔《しゅっぽん》し、近江の戦乱で犠牲になった人々の供養をするため、僧になって諸国行脚《しょこくあんぎゃ》の旅を送ったといわれています。

その後、織田信長は明智光秀の謀反により、燃え盛る京都の本能寺で自害。柴田勝家も信長の後を追うように、羽柴秀吉（後の豊臣秀吉）の軍勢に攻め立てられて、燃える越前北ノ庄《えちぜんきたのしょう》城で自害して果てました。これも、

「百済寺を焼き討ちにした仏罰《ぶつばつ》や」

と、東近江では今に言い伝えています。

また百済寺には、この伝説に付随した次のような遺跡が伝わっています。

本堂に通じる参道の赤門《あかもん》のそばに勝家軍の矢を受け止めたネズミを祀った「ネズミの宮」とよばれる祠《ほこら》や、大杉が変じた大蛇を封じこめたといわれる「大蛇封じの井戸」、そして、この井戸の上には大きな二枚の板石が被《かぶ》せられています。この石は五ノ谷川にかかっていた極楽橋の橋板だったとも思われます。この井戸には、信長に攻め込まれる直前に寺の財宝を隠したとの噂があり、

「ここは、どんなことがあっても開けるな、触るな、仏罰が当たる」

と今日まで、代々の院主《いんじゅ》に言い伝えられています。

〈お婆のかたり〉

織田信長《おだのぶなが》ちゅうお殿《との》さんがな、

自分《じぶん》の妹《いもうと》のお婿《むこ》さんの浅井長政《あさいながまさ》ちゅうひとにうらぎられて岐阜《ぎふ》に逃《に》げていなはる峠《とうげ》の抜《ぬ》け道《みち》で、鉄砲《てっぽう》の名人《めいじん》の杉谷善住坊《すぎたにぜんじゅぼう》ちゅうひとに狙《ねら》われたんや。

けんど、お殿《との》さんを道案内《みちあんない》をした甲津畑《こうづはた》の勘六左衛門《かんろくざえもん》ちゅうひとが、煙硝《えんしょう》の匂《にお》いで鉄砲《てっぽう》でねらわれているのを見《み》つけて、お殿《との》さんの馬《うま》の尻《しり》に鞭《むち》を当《あ》てはってね、ほんで弾《たま》はお殿《との》さんの肩先《かたさき》をかすめただけで外《はず》れたのや。

お殿《との》さんはたいそう喜《よろこ》ばはって勘六左衛門《かんろくざえもん》に

「敵《てき》が射《う》ちよるのを、早《はよ》うに見《み》つけてくれた。これからおまいは、苗字《みょうじ》を速水《はやみ》と名乗《なの》れ」

と言《い》わはったので、ほうしゃはったのや。

ほしてお殿《との》さんは、杉谷善住坊《すぎたにぜんじゅぼう》を捕《つか》まえて、竹《たけ》のノコギリで首《くび》をひいて殺《ころ》さはったのやて。

立て埋みの刑

夜陰《やいん》にまぎれて山伏の一団が、千草峠《ちぐさとうげ》[注1]の抜け路を足早に行きます。元亀《げんき》元年（一五七〇）五月十九日の未明のこと、その数、七名。先頭を行くのは異形《いぎょう》の山伏《やまぶし》。小柄ながら鉢頭《はちあたま》に猪首《いのくび》で肩幅と尻が他の者よりも一回り大きい。太くて濃い眉《まゆ》が額《ひたい》の下に軒《のき》を作り、目は前方を睨みすえたまま、まばたき一つせず、目玉だけを小刻みに動かして周囲の様子を窺《うかが》う。背には菰《こも》に包んだ細長いモノを荷《にな》い、手にした杖先《つえさき》を右へ左へと差し向けて進んでいく手並みは、ただの行者とは思えぬ巧みさ。その山伏の名は「杉谷《すぎたに》善住坊《ぜんじゅぼう》」、他の者から「お頭《かしら》さま」と呼ばれる甲賀《こうか》衆《しゅう》随一《ずいいち》の鉄砲の名人です。

善住坊一行が千草越えに足を踏み入れて、いかほどの時が過ぎたであろうか、赤猿《あかさる》と呼ばれる手下の一人が善住坊の横に並び、

「お頭《かしら》、下調べをしておきましたあの大岩の陰あたりが、狙《ねら》い撃《う》つのによろしかろうと思われます」

と、夜陰《やいん》の向こうを指《ゆび》さしました。

その場所は藤切谷《ふじきりだに》から十二間《けん》（約二二メートル）ほど山の上り斜面へ入ったところでした。山肌から突き出す大岩の背後は窪《くぼ》み、人ふたりが潜《ひそ》むには、手ごろ。しかも周囲は、トチやクヌギ、大杉が我がもの顔で混在していて、枝と葉は互いに重なり合って日中でも陽《ひざし》を遮《さえぎ》り、その陰に潜《ひそ》めば、ひとの気配は消されて狙撃《そげき》場として最適でした。

その狙う標的こそ、天下布武の覇者《はしゃ》、織田信長でした。

但し、この頃の織田信長は不運の底にありました。越前国《えちぜんのくに》の朝倉義景《あさくらよしかげ》を討伐しようと、元亀《げんき》元年（一五七〇）四月二十日、三万の軍勢を率いて京都を出発。越前入り口の朝倉景恒《あさくらかげつね》の手筒山《てづつやま》城と金ヶ崎《かながさき》城をわずか二日間で攻略し、いよいよ朝倉義景の本城を攻め落さんものと、木の芽峠を越えようとした、その時です。突如、同盟を結んでいた妹婿《むこ》の浅井長政《あざいながまさ》が反旗を翻《ひるがえ》したのです。信長は当初、「長政は妹お市の婿である。絶対に裏切るはずがない」と信じませんでしたが、物見《ものみ》から次々と届く情報は、どれも長政謀反を裏付ける内容ばかりでした。一説には、夫、長政の裏切りを知ったお市が、兄の信長に小豆《あずき》入りの袋の両端をしばったものを陣中見舞いと称して送り、これを見た信長が、「朝倉勢と浅井勢に挟撃《きょうげき》され袋の鼠《ねずみ》にならないように、お市が通報してきたのだ」と察したと言われるのも、この頃のできごとです。

浅井・朝倉同盟軍に挟撃された信長は、後詰《しんがり》を木下藤吉郎（後の豊臣秀吉）に託して若狭《わかさ》から朽木《くつき》街道を経て京に逃げ戻る計画を立てました。従う者は僅か十名ほど、しかもその途上には浅井方の武将、朽木谷《くつきだに》の領主・朽木《くつき》元綱《もとつな》が控えていました。困憊《こんぱい》した信長は、随行していた松永久秀《まつながひさひで》に元綱を説得させて味方につけ、無事に京都にたどり着いたのでした。そしていったん、岐阜に帰国して、兵力を整える手はずを組んでいました。

その情報を手に入れた六角承禎が、善住坊にこう命じました。

「信長が京から本国の岐阜に帰国をする退路は、鯰江城に軍勢をいれた浅井・朝倉勢によって遮断されておる。だが信長め、千草越えとは別に、新たな退路を見つけたようじゃ。それが藤切谷《ふじきりたに》の右岸の間道《かんどう》だとのことぞ。その道が確保できれば、すぐに囮《おとり》の軍勢を千草街道に向かわせ、自らは甲《こう》津畑《づはた》勘六左衛門《かんろくざえもん》に引率《いんそつ》させ、途中より、わずかな手勢で藤切谷を抜けるとのことじゃ。よいか、そこをそちの鉄砲であの憎き信長奴《め》と、裏切り者の勘六左衛門を仕留めてまいれ。くれぐれもぬかるではないぞ」

六角承禎が憎々しげに口にした勘六左衛門は、近江から伊勢に通ずる千草街道を押さえている甲津畑城の城主で佐々木氏の被官でしたが、六角家の内紛が原因《もと》で袂《たもと》を別ち、今は信長に気脈を通じていました。


藤切谷の間道が白んできました。

善住坊は逸《はや》る気持ちをおさえて赤猿を呼び、

「あと半刻（一時間）もすれば標的の信長が現れるぞ。火縄の準備をせよ」

と命じました。

赤猿は「承知」と、手際よく甲賀張りの長鉄砲の備えを確認します。発射に使うのは、殺傷能力が倍増する「二つ玉」と決めてありました。これは鉄砲の筒先より弾丸二つを込めて発射させる銃術で、火薬の量を調整するのが難しく、よほどの熟達者でないとなしえぬ技でした。

「朝露に濡れて火薬は湿っておらぬか。引き金や火蓋《ひぶた》の調子は良いか」

善住坊の確認に、

「火種も赤々といいこって・・・おります。万端おこたりなく」

赤猿がこたえました。

しばらくして、カン、カーン、カンカンカンと、けたたましい猿の鳴き声が、善住坊と赤猿の頭上に降ってきました。それは事前に樹上に潜ませた手下からの合図で、信長一行が近づいてくるとの知らせでありました。

「よし。とりかかろう」

善住坊は鉄砲の筒先から火薬を注ぎ入れ、弾丸二つを丁寧に突き固めました。そして赤猿が、胴の火から火縄の先に火を移し、善住坊に手渡しました。

カシカシと鎧《よろい》ずれの音に混じって、人馬の足音が迫ってきました。

善住坊は事前に調べておいた、林立する巨木のすき間に、照準を合わせました。そこに現れた信長に向かって引き金をひきさえすれば、事は成就《じょうじゅ》するはずです。

「来たッ！」

先頭を行くのは、まさに、南蛮鎧《なんばんよろい》に身を包んだ織田信長。しかも都合の良いことに騎乗していいます。

善住坊は腰を沈めて息を殺し、照準を定めました。信長の急所が照準に入った、と、その時です。樹木の間を吹き下ってきた強い山風が焔硝《えんしょう》の匂いを、信長が通る谷の間道に運び去ってしまいました。

「焔硝じゃッ！　伏兵がおるぞ」

手引き（道案内）を勤める甲津畑勘六左衛門が、ピシッと、信長が騎乗する馬の尻に一鞭当てました。と、ほぼ同時に、善住坊の指先が意思よりも早く反応してしまったのです。

ずどーん！

山間に轟音《ごうおん》が響きました。

だが、信長は左の肩先を一瞬、反らせただけで、そのまま走り去ってしまいました。

「しもうたッ。はずしたか！」

善住坊は歯噛《はが》みして、悔しがりました。

間一髪《かんいっぱつ》で信長を守った甲津畑勘六左衛門は、

「誰よりも早く煙硝の匂いを嗅ぎつけた、そちは余の命の恩人《おんじん》じゃ。以降、『ハヤミ』と名乗るがよい」

その功を信長から賞されて、「速水勘六左衛門《はやみ》」と名乗りかえたといわれています。

その後、善住坊は高島郡堀川村（現・高島市新旭町《しんあさひ》）の阿弥陀寺に隠れていましたが、信長に捕らえられ、「ノコギリ引《び》きの刑」に処されることになりました。

善住坊の刑の様子は分かりませんが、徳川家康に背いた大賀弥四郎《おおがやしろう》の刑を参考にすると、刑場に着いた弥四郎がみたものは、妻子八人の磔《はりつけ》にされた姿でした。弥四郎自身は足の腱《けん》を切断され、手の指を十本ともたち切られ、首から下は土中に埋められ、首板をかまされて板の穴から首だけを出し、目の前には切り落とされた指が並べられました。そして竹のノコギリが脇に置かれ、見物人、通行人に首を引かせました。ひとおもいには殺さず、なるべく長い間苦しめて殺そうという極刑です。弥四郎は血みどろになりながら六日目になって息絶えたと伝わっています。

ちなみに、大賀弥四郎の罪状とは次の通りです。武田の手が徳川に伸びて来たころ、徳川への寝返り工作が行なわれ、最初に目を付けられたのが大賀弥四郎でした。それを受けいれた弥四郎が家康の寵愛《ちょうあい》を受けて出世したため、妬《ねた》むもの多く、「太賀弥四郎は武田に内通している」と陥《おとしい》れました。それを真に受けた家康は怒り、弥四郎をノコギリ引きの刑に処したのでした。

また、甲津畑《こうづはた》村（現・東近江市甲津畑町）の速水《はやみ》家には、今に織田信長が馬を繋いだと伝えられる松の古木が残っています。

注1・勘六左衛門の松

東近江市甲津畑村の速水勘六左衛門は『信長公記《しんちょうこうき》』にもしばしば出てくる、この地方きっての郷士です。織田信長が近江路へ入るに際し、そのお召に応じ、数々の武勲をたてています。信長は近江と美濃尾張を往復するとき、たびたびこの千種街道を利用しました。その際、杉峠より布施（現・東近江市布施町）までの間を警護したのが勘六左衛門で、信長はいつも当家で休憩していました。今に残るこの屋敷の松は信長がもっとも愛した木で、信長が馬をつないだところから、別名「信長馬つなぎの松」とも呼ばれています。樹高六メートル、幹周二四百五〇cm、推定樹齢二百五十年、伝承では四百五十年以上と言われています。

〈お婆のかたり〉

百済寺《ひゃくさいじ》を焼《や》き討《う》ちにした信長軍《のぶながぐん》が、つぎの目標《もくひょう》の金剛輪寺《こんごうりんじ》にせめてきよったのやけんど、寺《てら》ではここをまもる兵隊《へいたい》さんの数《かず》が少《すく》なうて

「このままでは、とてもやないけんどたちうちはでけへん。寺《てら》は燃《も》やされてまうで」

と困《こま》ってやはると、寺《てら》の老師《ろうし》の知恵《ちえ》で、山《やま》の高台《たかだい》に柴《しば》や割木《わりき》を積《つ》みあげてもやいせ、

「寺《てら》が丸焼《まるや》けになってるで」

とウソをふれまわらはったんや。

ほうしたら、ほれを信用《しんよう》しやった信長軍《のぶながぐん》は寺《てら》を攻《せ》めるのをやめて、いんでしもたので、寺《てら》は焼《や》けんとおお助《たす》かりや。

ほれから金剛輪寺《こんごうりんじ》のふもとをながれる川《かわ》を「ウソ川《がわ》」ちゅうようになったのやて。

うそ川のいわれ

織田信長の近江侵攻によって、湖東三山の一つ、百済寺が焼き討ちされたときのことです。金剛輪寺《こんごうりんじ》の玄了老師《げんりょうろうし》は、寺域内に城山砦《しろやまとりで》を築き、信長軍を迎え討たんとしていました。

そこへ、敵の陣営へ間諜《かんちょう》（斥候《せっこう》）にでていた吉右衛門《きちうえもん》が砦に帰陣《きじん》し、

「百済寺には千人もの僧兵がおりましたが、信長軍にはまったく歯が絶たず、三百余坊はことごとく焼き払われ、読合堂《よみあいどう》（現・東近江市読合堂町）から僧坊《そうぼう》（現・東近江市僧坊町）に至るまでの寺院はすべて焼き払われ、逃げまどう女や子どもまでもがみな殺しにされております。まさに地獄絵のごとくにござります。こういう状況から察するに、この金剛輪寺を防御する城山砦の兵は、わずか五百です。しかも頼みの綱《つな》としておりました鯰江《なまずえ》城も、すでに、信長軍に封じ込められて一兵《いっぺい》の援護《えんご》も得られませぬ。まことに痛恨《つうこん》の極みではありますが、攻め込まれる前に、ご本尊《ほんぞん》だけでもお守

りして、山の奥に避難するのが賢明《けんめい》かと思われます」

と、玄了老師に訴えました。

天正《てんしょう》元年（一五七三）四月十一日、金剛輪寺百余坊の庭には、今を盛りに山つつじが咲き乱れています。すでに炎上する百済寺の黒煙《こくえん》が、金剛輪寺の上空にまで流れついていていました。

玄了老師はしばらく黙考《もっこう》したのち、

「聖武天皇《しょうむてんのう》のご勅願《ちょくがん》で行基菩薩《ぎょうきぼさつ》さまがご開山《かいざん》なされてこの方、八百年もの長きに渡り脈々とうけ継がれてきた、この金剛輪寺じゃ。なんとしても、信長の無思慮《むしりょ》な行いから防御せねばならぬ」

と決意を示しました。

「敵は残虐《ざんぎゃく》非道《ひどう》の信長軍。していかに……、この金剛輪寺をお守りする事が、かないましょうや」

吉右衛門がつめ寄りました。すると、

「われわれで、火を放とう」

玄了老師のとっぴな言葉に、

「な、なんと言われる！　こ、この寺に……、ですか？」

吉右衛門も、まわりの人々も息をのみました。

「寺に向って右手の石段を上がると、川（現在の宇曽川《うそがわ》）の上流から淡海《みずうみ》（琵琶湖）に広がる湖東《ことう》の大地を一望できる高台があろう。そこに割り木《わき》や柴《しば》を積みあげて、火を放てばよい。下から見れば全山炎上《ぜんざんえんじょう》と見えるが、どうじゃ」

玄了老師は秘中の一策《いっさく》を人々に授けました……。

金剛輪寺の麓の川に、信長軍の尖兵隊《せんぺいたい》が近づいてきます。吉右衛門たち数名は、寺の石段をかけくだり川の対岸に渡りました。

「いかようなことがあろうとも、この川辺《かわべ》で信長軍を阻止《そし》せねばならぬ」

吉右衛門たちが河の対岸から金剛輪寺を見あげると、玄了老師の策《さく》どおり、すでに火の手が上がっていました。

「寺が燃えているぞ！」

「金剛輪寺が、丸焼けや！」

吉右衛門たちは、川辺の村々にふれまわりました。驚いた村人が、ぞくぞくと河岸に集まってきます。吉右衛門たちは、村人までも欺《あざむ》こうというのです。やがて、信長軍の尖兵隊《せんぺいたい》が川岸にたどりついてきました。村人の指さす金剛輪寺を見あげると、大きな火炎《かえん》があがっています。まさにそれは不動明王《ふどうみょうおう》の怒りの形相《ぎょうそう》にみえました。

「そこな者ども、あの火はどうした？」

尖兵隊の長《おさ》が尋ねると、百姓姿《ひゃくしょうすがた》に身をやつした吉右衛門たちがすすみでて、

「ここにおりますはみな、織田さまに加勢する者どもでござりますが、半時ほど前にその者どもが火を放ったとのこと。寺はあのように全山ことごとく炎上しておりまする」

と答えました。

「なんと申す。下知《げち》がないのに、寺を焼くは異《い》であろうが。真《まこと》かどうか、急ぎ確かめてまいれ」

尖兵隊の長が、若い兵に命じました。

すると、いずこからともなく、白羽《しらは》の矢《や》が飛んできました。矢は川辺の木の幹に突きささりました。矢文《やぶみ》です。

矢文には、『即、本隊にもどれ』と認《したた》められていました。

「お館《やかた》さまの命《めい》ぞ。隊にもどろう」

兵は急ぎ、引きあげていきました。この矢文もまた、玄了老師の知策《ちさく》でした。

玄了老師の英知《えいち》により信長軍を欺くことができた金剛輪寺は、本堂はむろんのこと、諸堂・仏像・仏具、僧兵や信徒兵の命まで見事に救ったのでした。

いつのころからか、寺の麓を流れるこの川は、信長軍を欺いたので、「ウソ川」と呼ばれるようになりました。

〈お婆のかたり〉

湯屋村《ゆやむら》のドン川《かわ》にいかい松《まつ》の木《き》があってね、ほの根元《ねもと》の岩《いわ》のわれ目《め》から温泉《おんせん》がコンコンと、わきだいせたのや。

この温泉《おんせん》は「神《かみ》さんの湯《ゆ》」ちゅうて、「けがしたらあかんで」といいつたえられてきたのに、ほこに百済寺《ひゃくさいじ》を焼《や》き討《う》ちにした信長軍《のぶながぐん》の総大《そうたい》将《しょう》の柴《しば》田《た》勝家が家来《けらい》をひきつれて戦《いくさ》のつかれをいやそうと、やってきたのや。

ほんで湯屋《ゆや》のひとらは信長軍《のぶながぐん》のおせわをしてやはったんやけんど、勝家《かついえ》の馬番《うまばん》が馬《うま》を温泉《おんせん》にいれて馬《うま》の尻《しり》を洗《あろ》うてけがさはったのや。

けがしたらあかんといわれてる温泉《おんせん》がけがされたので、ほんで、ほれから湯《ゆ》がぜんぜんでんようになってもたんやて。

ドン川の松

湯屋村《ゆやむら》（現・東近江市湯屋町）のだいじょもん椿[注1]が咲き乱れるそばのドン川に、一本の老松がありました。

その根元に大岩があり、その岩の割れ目から温泉《ゆ》がトウトウと噴《ふ》きでていました。その湯は近郷近在《きんごうきんざい》の村人の疲れを癒《いや》し、人々の楽しい語らいの場でもありました。村人はこの温泉を〈湯《ゆ》の権現《ごんげん》さん〉と呼び、汚《けが》さぬよう、村の宝として大切に守っていました。

天正《てんしょう》元年（一五七三）四月十四日、織田信長の命《めい》により百済寺《ひゃくさいじ》攻略《こうりゃく》をなしえた柴田勝家の軍団が凱旋《がいせん》の帰路《きろ》、湯屋村にさしかかりました。

「おお、これが噂に聞く名高い湯屋の温泉か！　みなの者、疲れたであろう。この湯で疲れをいやせ」

柴田勝家は軍団に命じました。

その知らせを受けた湯屋村の村長《むらおさ》・タイトウは、勝家軍を快く受け入れ、村人を集めて軍団の世話をすることにしました。

早速、兵たちは武器を置き、具足《ぐそく》を脱ぎすて、湯壷に飛び込こみました。

柴田勝家も、

「おおー、これぞ噂にたがわぬ良き温泉《ゆ》じゃ」

と戦場《いくさば》の疲れを癒《いや》しました。

こうして軍団の兵のすべてが湯に入りました。鬼と恐れられた柴田勝家の荒武者軍団が、何事もなく満面に笑みをたたえて湯浴《ゆあ》みを終えたのを見て、タイトウも村人たちもホッとしました。

その時です。事もあろうに勝家の馬番が湯壷に馬を引き入れたのです。

これに気づいた、ひとりの村人が、

「あッ！」

と絶叫し、タイトウのところに飛んで来ました。

「あ、ああ、あれ…」

村人はうしろを指さしながら、体をブルブルと震るわせています。

「何をあわてておるんやい」

タイトウが村人の指さす方に目をやると、馬番が湯壷で馬の尻をゴシゴシと洗っています。血相を変えてタイトウがそこに走りより、馬の手綱《たづな》をひきとめました。

「お止めくださりませ。ここは代々、湯の権現、神の湯と崇《あが》めてまいりました神聖なところでございます。なのに馬を入れ、湯を汚《よご》せば…」

「だまれ！　なんと心得《こころえ》ておる。これは殿《との》のお馬ぞッ」

「たとえ柴田さまのお馬と申しましても、畜生《ちくしょう》にござります。たちまち、神の怒りにふれまする。お止めくださりませ」

タイトウが必死に訴えました。

するとと馬番は、いきなり鬼の形相《ぎょうそう》になり、

「殿のお馬を畜生呼ばわりするとは、なんたる雑言《ぞうごん》ッ。こうしてくれるわ！」

タイトウの顔面を殴りつけ、足蹴《あしげ》にしました。

足蹴にされたタイトウが、勝家の前に転がりました。

馬番は勝家の面前で片膝を折り、

「殿《との》、こ奴《やつ》をいかがいたしましょう」

と、指示を仰ぎました。

「よきにいたせ」

勝家の指示が出るが、はやいか、

「承知《しょうち》！」

馬番は太刀を抜き、タイトウの首を、バッサリと刎《は》ねました。

タイトウの首は湯壷の周りをコロコロ転がって、何かモノを言いたげに唇を小刻みに動かしていましたが、やがて動かなくなりました。連日の戦いに気が荒立《あらだ》っているとはいえ、あまりにも非道。勝家軍の豹変《ひょうへん》に驚いた村人は、悲鳴をあげて逃げ去りました。

勝家の軍団が立ち去ったあと、恐る恐る湯壷にもどった村人は、

「うッ！」

と、絶句しました。

竹槍《たけやり》の先に串刺《くしざし》にされたタイトウの首が、湯壷の前に突ったてられています。その首の両眼《りょうがん》はカッと見開き、湯口の老松を睨みつけていました。

「梟首《さらしくび》とは、なんと、酷《むご》い！」

村人はヘナヘナ、とその場に腰砕けになってしまいました。

「旦那さんが、どんな重罪《こと》をしやはったと言うんやぃ。あんだけ親身《しんみ》になって軍団の世話をやいておられたというのに」

「オニ！　やっぱり勝家は鬼や！」

村人は口々に柴田勝家を呪《のろ》って号泣《ごうきゅう》しました。

そして不思議なことに、その日を境に湯は目に見えて細《ほそ》っていきました。

「みてみぃ。しまいに湯は涸《か》れてしまうほん」

「湯の権現さんの、お怒りや」

やがて湯壷は村人が憂慮《ゆうりょ》した通り、カラカラに乾いてしまい、湯口の老松も、干しあがった湯壷の岩に、寂しげな日陰をつくるばかりでした。

「旦那さんは、さぞかし悔《くや》しかったやろうに」

村人は、老松を睨みつけながら徒死《むだじに》した村長・タイトウを偲《しの》び、哀れみました。やがてこの老松は、「睨《にら》みの松《まつ》」と呼ばれるようになりました。

そしてこの地は今に、「湯屋」とか「古湯屋《ふるや》」という名を残していますが、温泉は全くでない里になってしまいました。

この後日談として、次の話が残っています。

天下統一の目途《めど》がついた豊臣秀吉は、一五八三年に長く続いた戦乱で疲れた心身を癒そうと近畿地方の温泉を捜していました。そして、東近江の湯屋村に豊富に自噴していた温泉があったことを耳にしましたが、柴田勝家に荒らされたのを知ると、

「まことに残念じゃ。その湯屋の湯に勝るものを捜しだせ」

と命じました。すると、摂津国の有馬に温泉がある事が分りました。但《ただ》し、湯の温度も低く、泉質も十分ではありませんでした。そこで秀吉は近畿一円を襲った慶長伏見大地震の翌年の一五九七年に有馬の泉源の改修工事に取り掛からせました。そして、豊富な熱湯を噴出させることに成功しました。

「地震によって東近江の湯屋の源泉が、ここに通じたにちがいない。さっそくその名湯につかりたいものよ」

一五九八年五月に改修工事を完成させた秀吉は、入湯を予定していましたが、激しい風雨のため、その計画は中止になりました。ところがまもなくして秀吉は病の床に伏し、同年の八月十八日に没したため、この温泉の

成果を見ることはできませんでした。しかし、秀吉の大改修がその後の有馬温泉の繁栄に大いに寄与したとして、「有馬温泉の大恩人」と、今に慕われています。

注1・だいじょもん椿

白蛇に最愛の娘を嫁にやると言って、約束を果たさなかった湯屋村の治右衛門に纏わる椿。

〈お婆のかたり〉


朝《あさ》、まだまっくらな時《とき》のことや。

普段《ふだん》より騒々《そうぞう》しゅうなく鶏《にわとり》のなき声《ごえ》をきいて鯰《なまず》江村《えむら》の人《ひと》らは戦《いくさ》のつよい信長軍《のぶながぐん》が攻《せ》めてきよったのに気《き》がついて、みんな逃《に》げださはってな。

ほして、鯰江城《なまずえじょう》にかくれてやはった観音寺城《かんのんじじょう》の大殿《おおとの》さんも逃《に》げやはったのや。

ほんでお城《しろ》を守《まも》ってやはった、おさむらいさんらの戦《たたか》う気力《きりょく》がおちてもて、すんなりお城《しろ》を開《あ》けわたさはってな。

ほやから村《むら》の家《いえ》はあらされんとすんだのや。

「これもみんな鶏《にわとり》が知《し》らいせくれたおかげや」

と、村の人らは鶏《にわとり》に感謝《かんしゃ》して、ほれから鶏《にわとり》の肉《にく》や卵《たまご》をたべんようになったのやて。

おけち

鯰江《なまずえ》村（現・東近江市鯰江町）の平太《へいた》は、石投げがとても得意です。愛知《えち》川から選んできた、ぺたたくて（平らな）丸い小石をいつも袂《たもと》につめ込んでいました。それを実った稲穂《いね》に群がるスズメをめがけて投げれば一発必中《いっぱつひっちゅう》、追い払います。また、「妹の沢《いもとさわ》（現・東近江市妹にあったおこほ池）」で下手投《したてな》げすれば、三十数回も石は水の上を跳ねて、水面に顔をだしたカイツブリ（水鳥）に命中させることもできました。

そんなある日の事でした。

どこから攫《さら》ってきたのか、大イタチが黄色いヒヨコを口にくわえて、平太の目の前に飛び出してきました。とっさに、平太は石を投げました。石はイタチの尻に命中。イタチは悲鳴をあげてヒヨコを放し、くさむらに逃げこみました。

「おお、危ないとこやったな」

ヒヨコは傷一つ負っていませんでした。

やがて、ヒヨコは立派な雄鶏《おんどり》に育ちました。この鶏は平太によくなつき、どこへ行く時にも後ろをついて来ました。ちょっとでも怪しげな者が村に近づいてくれば、番犬のように激しく鳴いて、村人に報せるのでした。そんな鶏ですから、村人に重宝《ちょうほう》されてかわいがられていました。

その頃、織田信長が「天下布武」を掲げて上京しようと、近江へ侵攻してきました。近江の守護職だった観音寺城の佐々木六角承禎義賢、義治親子が、それを阻止したため、攻防戦が開始されました。信長軍は観音寺城を攻め、六角承禎親子を甲賀の三雲《みくも》に追いやりました。六角承禎が被った痛手は大きく、近江守護の権威は失われ、武士の統領として栄えた近江源氏の名門の地位も風前《ふうぜん》の灯火《ともしび》になってしまいました。数多《あまた》いた配下の豪族たちもこぞって六角家と袂《たもと》を分《わ》かち、織田信長麾下《きか》（配下）に降《くだ》るという有様でした。

そういう状況下でも滅び行く主家を見限らず、最後まで佐々木六角家と同盟の義を守り通したのが、鯰江城主の鯰江備前守貞景《なまずえびぜんのかみさだかげ》でした。

貞景は信長から、

「好待遇《こうたいぐう》で迎え入れよう」

との誘いにもけっして応じることなく、六角承禎親子の逃亡生活を支え続けていました。そして、来るべき信長軍との一戦に備え、鯰江城の防御をいっそう堅固なものへと修築していったのでした。

観音寺城の落城から四年が過ぎようとした元亀《げんき》三年（一五七二）のある日のこと、鯰江貞景は鯰江城の防備が滞《とどこお》りなく完備《かんび》したのを機《き》に、六角承禎親子を密かに城へ迎え入れました。

六角承禎義賢は喜色《きしょく》を満面《まんめん》にあらわし、

「キヤ、ハハハ。でかしたぞ、備前守殿」

ぶきみな笑い声をたて、

「そこもとも存じおろうが、信長は妹婿の浅井長政の謀反によって、ほうほうの体《てい》で岐阜の居城に逃げ帰ってからこの三年、武運にも見放された上に、周囲は反信長ばかりで四面楚歌《しめんそか》じゃとよ。これほど愉快なことはないのう」

と貞景に言い寄るのでした。

確かに、この頃の信長は不運としか言いようがないほどでした。姉川の合戦に勝利はしたものの、浅井・朝倉連合軍を壊滅《かいめつ》させるまでには及ばず、その火種はくすぶり続け、しかも頑強に抵抗する一向宗《いっこうしゅう》の一揆はさらに悪化していて、何より手痛いのは三方ヶ原の合戦の大打撃でした。

「京の公方さまもこの好機に、あの忌々《いまいま》しい悪鬼《あっき》信長を殲滅《せんめつ》せんものと、各地の反信長勢に檄《げき》をとばしてござるわ。それに武田信玄どのも公方様《くぼう》にお味方されるとのこと。父上、六角家の再興も、そう遠からぬことと思われまする。そうであろう、備前守どの」

息子の六角義治《よしはる》は鯰江貞景にそう言うと、

「あのにっくき信長を仰のけに、転びにころばせてみせる絶好の機会ぞ。八つ裂きにしても飽きたらぬヤツよ」

細筆ではいたような両の目に殺意をみなぎらせて、貞景を見ました。京の公方とは、足利将軍家の復権《ふっけん》を画策《かくさく》する足利義昭《あしかがよしあき》のことでした。

「そうでござりまするな」

と、貞景は返事をしました。

信長打倒に与力《よりき》するため、かの武田信玄が大軍で浅井・朝倉の連合軍とともに京に上《のぼ》るとあっては、六角承禎親子が信長殲滅《せんめつ》の好機と見るのは必定です。貞景自身も、佐々木六角家再興《さいこう》の望みはこの機を逃しては他に無し、と確信していました。それゆえに浅井・朝倉連合軍や武田軍、将軍家の諸将たちとの連携《れんけい》をいっそう強めていました。

だが、鯰江貞景には一つ、気がかりな点がありました。戦国乱世に生まれでた信長の計り知れぬ戦人《いくさびと》としての強運《きょううん》でした。その一例として、浅井長政の裏切りで越前朝倉攻めに失敗した信長が、体勢を立て直すために京より領地の岐阜へ引き上げる途中、鈴鹿の千草《ちぐさ》越《ご》えで鉄砲の達人、杉谷善住坊《すぎたにぜんじゅぼう》によって至近距離から狙撃《そげき》されるという事件が起りましたが、天運《てんうん》としか言いようのない事態が発生し、発射された二発玉《にはつだま》は信長の肩先をかすめただけで、無事に岐阜城へ帰陣したのでした。

まさに天が、この乱世に何事かなさしめんがために信長を救ったのだ、としか貞景には思えず、いかような窮地《きゅうち》に立たされても、神懸《かみが》かり的な才《さい》と強運《きょううん》で体勢を立て直してくるとの思いが勝《まさ》って、これほどの信長殲滅《せんめつ》の機会を得てもまだ、諸手《もろて》を挙げて喜べぬ気持ちが心の片隅にありました。用心するに越したことはない。万が一のために貞景は、六角承禎親子を脱出させる手はずも整えておきました。

翌年の天正元年《てんしょうがんねん》（一五七三）二月に、

「足利義昭が甲斐信濃の雄《ゆう》・武田信玄《たけだしんげん》、越前の朝倉・湖北の浅井連合軍らとともに挙兵《きょへい》する」

との報《しらせ》が、鯰江城に届くと、六角承禎親子は狂喜《きょうき》しました。

「みよ、みよ、これであのにっくき尾張のうつけを退治できるわ。皆の者、浅井朝倉に遅《おく》れをとるではないぞ」

そう檄《げき》を飛ばし、自らは旧領の国人衆《くにびと》や豪族らを焚《た》きつけて一揆を煽動《せんどう》し、信長打倒の狼煙《のろし》をあげました。

ところが、鯰江貞景が一抹の不安を抱いていたことが、またもや織田信長に味方したのでした。京へのぼるはずだった武田信玄が、進軍の途中で理由も明かさず、いきなり信濃へ引き上げてしまったのです。信玄が病死したと噂がたちました。こうなっては行先を挫《くじ》かれたのも同然です。そうこうするうちに信長の軍団は浅井・朝倉の連合軍を壊滅《かいめつ》してしまいました。

それに浮き足だった近江の国人衆や豪族たちはまたも、次々に信長麾下《きか》（配下）へと寝返っていきました。それでも信長は、浅井の残党や根強い一揆などの反抗を防止するため、近江の村々にそれぞれ三人の人質を取り、服従を誓わせました。最後まで抵抗した伊庭《いば》村（現・東近江市伊庭町）の村長・助右衛門《すけうえもん》は、自害して三人の幼い子どもを人質にだし、村の安泰《あんたい》を保ったと伝わっていました。

鯰江貞景のもとにも、信長方から再三、懐柔《かいじゅう》のための使者が訪れましたが、

「二君に仕えず。二心《ふたごころ》を抱かず」

と退けつづけたので、鯰江城は、信長の軍団に囲繞《いにょう》されて孤立無援《こりつむえん》になってしまいました。

すると、たちまち六角承禎の意地はくじけ、

「おおー、恐ろしや、おそろしや。あの悪鬼《あっき》に、余《よ》は八《や》つ裂《ざ》きにされるわ」

と、おののく始末。かの旧臣たちも一人抜け、二人抜けと闇《やみ》に乗《じょう》じて城を抜けだし、将兵の志気も落ちるばかりでした。鯰江貞景は村人を招集して愛知川の水を取り入れて完全防御《かんぜんぼうぎょ》の「備前堀《びぜんぼり》」を完成させて、六角承禎親子を守りぬこうと努力していましたが、

「こんなことしたかて、信長軍に勝てるわけないやんかい。ほれよりも、わしらの村を荒らされんように考えなあかんがな」

村人たちの士気も落ち、愛知川の水をとりこむ備前堀は、なかなか完成

しませんでした。それに引き換え、信長軍は大軍で鯰江城の四周に砦を築き、陣を引いて合戦準備を着々と進めています。鯰江貞景は大きな決断を迫られました。

「大殿さま、義治殿、無事に城を落ちのびさせまするゆえ、ご安心くださりませ」

万が一のためにと拵《こしら》えておいた城外への抜け穴へ、怯《おび》える六角承禎親子を導くと、近習の者に案内させて城外へ落ちのびさせました。

そして貞景は承禎親子が無事に落ちのびたとの報せを受けると、将兵の身の安全を条件に合戦の責《せめ》をひとりで負い、鯰江城を開城して織田信長軍に投降しました。天正元年（一五七三）の九月四日の夜明けのことでした。

これによって近江で最後まで信長軍に抵抗しつづけた鯰江城も落城し、近江源氏の名門、佐々木六角家も滅亡してしまいました。

また、鯰江城落城の時、平太が大イタチから命を助けた鶏が、普段の夜明けの鳴声よりも異常に激しく鳴き騒ぎたてましたので、

「これはただごとではない！　いよいよ信長軍との合戦が始まるぞ」

と平太は察知して村人を叩き起し、全員が村を抜けだし、人家の焼き討ちは免れ、誰一人として犠牲者はでませんでした。

「これもみんな鶏が報《し》らいせくれたおかげやで」

と村人は感謝し、それ以来、鶏の肉や卵を食べなくなりました。

それから約四五〇年が経ちましたが、今も、鯰江村では、この落城で命を落とした鯰江城主・鯰江貞景の霊を慰めるために、毎年一月五日、村中で「御家鎮《おけち》」の祭礼を行なっています。当講の当人《とうにん》（世話役人）と相当《あいとう》（副当人）の一族は、一年間、決して鶏肉や卵、卵の類（マヨネーズや卵の入ったケーキ等）は口にしません。

また、鯰江城の攻撃《こうげき》の先陣《せんじん》になったのが、沢与介実仲《さわよのすけさねなか》（椿寺の位牌には頼実になっている）でした。その戦功により実仲は、翌年の天正《てんしょう》二年に神田《じんでん》二百俵の知行を受けています。そして、その沢与介実仲と「御家鎮」の行事の間には、こんな興味深いエピソードがありました。「御家鎮」の行事の一つに、西の方角《ほうがく》と東の方角に向かって、弓で矢を放つ儀式があります。東の方角に放つ矢は、「村に悪霊が入り込まず、平安と豊作」を願い、西に放つ矢は鯰江城の落城の先陣を手引きして鯰江城主を自害させた神田村

（現・東近江市神田町）の沢与介実仲に向けてとも、伝えられてきました。だが、

「鯰江城落城の折、村びとの誰一人として犠牲者が出んかったんも、沢与介実仲の計らいがあったからや。感謝せなあかんのに神田の方角《ほう》に矢を放つなど論外《ろんがい》やんけぇ」

と数年前から、西に向かって放つ矢の行事は取り止めになりました。また、鯰江村と神田村との婚姻関係《こんいんかんけい》もむかしは一切なかったが、そんな風習もいつしかなくなってしまったとのことでした。

鯰江城の落城後、将兵たちは各地の有力大名に登用されていきましたが、これも沢与介実仲の計らいであったと言われています。因《ちな》みに、その後、六角承禎親子は流浪の末に、父・義賢は慶長《けいちょう》三年（一五九八）に、子の義治は同十七年に没しました。

注１・鯰江一揆
観音寺城の落城から五年後の天正元年（一五七三）四月、佐々木承禎、義治親子は信長にその座をおわれた足利義昭を奉じ、浅井、朝倉の残党や、焼き討ちにあった宗門と謀って、鯰江城に立てこもって一揆を起こしました。城主は

鯰江満介貞景《みつのすけさだかげ》で、この時、四周の百済寺や高麗寺・広間寺もことごとく焼き払われました。それを攻めた織田軍の先軍は蒲生賢秀であったと言われています。

〈お婆のかたり〉

天下一《てんかいち》の安土城《あづちじょう》をつくるために、織田信長《おだのぶなが》ちゅうお殿《との》さんはな、戦《いくさ》でほろぼした百済寺《ひゃくさいじ》の石垣《いしがき》や敷石《しきいし》をぜんぶ安土《あづち》に運《はこ》びださはったんや。

ほのときに黒《くろ》い石《いし》を見《み》つけて、

「この黒《くろ》い石《いし》をわしや」

とおもわせて拝《おが》まいさら、

「南無阿弥陀仏《なまんだぶ》ちゅうて、進《すす》んだら極楽《ごくらく》にいけ、逃《にげ》げたら地獄《じごく》いきやで」

と自分《じぶん》の命《いのち》を惜《お》しまんと刃向《はむ》かってくるお寺《てら》の信《しん》者《じゃ》さんみたいに、死《し》ぬのを恐《おそ》れん、信長信者《のぶながしんじゃ》になって、うまいこと世《よ》がおさめられるでと考《かんが》えはってな。

ほれで、お城《しろ》にお寺《てら》をたてはって、ほの黒《くろ》い石《いし》を祀《まつ》ってみんなに拝《おが》まさはったのや。

ほやけんど、ほんな罰《ばち》あたりなことをしやはったお殿《との》さんは、家来《けらい》の光秀《みつひで》ちゅう人《ひと》に殺《ころ》されはって、お城《しろ》もお寺《てら》もぜんぶ燃《も》えてしもたんやて。

百済寺のボンサン石

聖徳太子と織田信長の競べ馬の伝承には、こんな後日談《ごじつだん》がありました。

近江の守護・佐々木六角承禎親子を滅亡させて天下布武の野望をほぼ完成しつつあった織田信長は、聖徳太子との競べ馬で負けて明智光秀を足蹴にした時、聖徳太子に諭《さと》されたことなどすっかり忘れて、こともあろうに、自らを神の如く振舞うようになっていました。

天正《てんしょう》四年（一五七六）正月のこと、織田信長は天下布武を完成させた武《ぶ》神《しん》にふさわしい城を築くため、安土山の頂に天下普請の大工事を決行しました。これが後の世まで「幻の名城」と賞賛される、「安土城」[注1]築城工事です。

その年の四月初旬のことでした。

安土山で築城の縄張《なわば》りをすませた信長は、築城総奉行の丹羽《にわ》長秀《ながひで》に命じて全山の無駄木《むだぎ》を伐採させると、さっそく頑強《がんきょう》な石垣の構築に取り掛からせました。これを請け負ったのが比叡山麓《ひえいさんろく》に住する穴太衆《あのうしゅう》で、構築法は自然石の形状をそのまま生かした「野面石積み《のづらいしづみ》」でした。

それに必要な大量の石材を近郊の観音寺山や長命寺《ちょうめいじ》山、長光寺《ちょうこうじ》山、伊庭《いば》山などの石切場はもちろんのこと、六角承禎親子に加担して滅ぼされた湖東の城々の石材や、寺の石垣、庭石、石仏、墓石までも没収して、何万、何千個と安土山に搬入させました。その中には、聖徳太子創建の百済寺《ひゃくさい》の石も含まれていました。

そんなある日のこと、織田信長は築城総奉行の丹羽長秀を呼び、

「今日は天気も良い、気分も晴れやかじゃ。一つ、採石現場の様子を巡察しておこうと思う、同道せよ」

と命じました。

巡察に同道するのは丹羽長秀の他に信長の懐刀の明智光秀や近江侵攻で新たに信長麾下《きか》に加わった蒲生氏郷をはじめ、近江衆の面々などが加わっていました。かわったところではイタリヤの宣教師《せんきょうし》ヴリニャーノから譲り受けた弥助《やすけ》（ヤスフェ）がいました。弥助はアフリカ（現・モザンビーク）生まれの黒人《こくじん》ながら信長に大変気に入られ、小姓《こしょう》にとりたてられていまし

た。信長は愛馬にまたがり、丹羽長秀の案内で採石場を一つ一つ見て回りながら、天正元年（一五七三）四月十一日に討ち滅ぼした百済寺の焼け跡までやって来ました。

その百済寺は、織田家一生の菩提寺として信長も深く帰依していたのですが、信長を裏切って密かに敵方の佐々木六角承禎に加担していたとの科《とが》をきせられ、家臣の柴田勝家に徹底的に破壊されていました。今は栄華の跡を留める物は何もなく、五年の時を経ても、みせしめと言わんばかりに放置されたままでした。そして今、数千人の人足たちの手によって、三百坊を支えた礎石や石垣、石畳みにいたるまで剥《は》ぎ取られて、安土山に運ばれようとしていました。

信長はこの光景を巡察しながら、目に力を込め、

「見よ、光秀、長秀よ、このざまを。一向宗《いっこうしゅう》の者どもがいくら仏に心をよせよったとて、仏は何一つ護《まも》ってはくれぬであろうが。まったく仏道など、道理に合わぬものよ。余《よ》に刃向《はむか》っておる一向宗の者どもに、この寺のさまを、しかと見せつけてやりたいものよ。この信長を信ずればこそ、極楽往生まちがいなし、うとんずれば地獄《じごく》に落ちることまちがいなしとな」

と告げ、

「たわけ者どもが」

と吐き捨てるように言いました。

「のう、光秀、たびたびその方《ほう》が、わしの短慮《たんりょ》を諫《いさ》めんとしたが、今になって思えば、これで良かったであろう。天下人に仇《あだ》なす宗門などは根絶やしにするのが、一番じゃとな」

「ははッ、光秀、胆《きも》に命《めい》じましてござりまする」

光秀は頭を下げましたが、その表情はかたいままでした。と、その時です。小姓《こしょう》として信長のそばを片時も離れぬ黒人の弥助《やすけ》が、大きく目を見開いて何やら叫ぶと、焼け落ちた伽藍の一角を指さしました。同道する中国人のポルトガル和訳通士が、

「あそこにめずらしい石があります、と言っています」

と通訳しました。信長が馬上よりその方に目を向けると、伽藍の残骸の一角に、頭大ながら卵のような形をした黒光りする石がころがっています。

信長が、

「おお、弥助のように黒光《くろびか》りしておる、あの石か！」

と問うと、弥助は目を輝かせて大きくうなずきました。

「ならば、あれを採《と》って参れ」

信長は弥助に命じました。すぐに弥助はその石を信長の元にもってきました。

「これぞまさに珍しき黒石ぞ。これを誰ぞに拭《ふ》かせてみよ。焼けた伽藍の煤《すす》がこびりついているのやもしれぬ。そのようなものであれば捨てるがよい」

と信長は指示しました。

丹羽長秀は従者の一人にその黒石を手渡して磨かせました。すると石は、ますます黒さを増し、人の心をゆすぶるような輝きを放ちだしました。

信長はその黒石をいっぺんに気に入りました。そして、

「余《よ》の手に、それをのせよ」

そう命じ、石を受け取ると、じーと眺めました。すると、ある考えが信長の脳裏《のうり》に浮かんできました。

──宗教一揆に加わる者どもを根絶やしにしようとは考えていない。ただ人を凶器《きょうき》に変えてしまうあの恐ろしい信仰《しんこう》を根絶《ねだ》やしにしたいだけだ。南

無阿弥陀仏を唱えれば阿弥陀如来の本願ですべてを救ってもらえるというのが、恐ろしい。信者は死を嫌がってはいない。来世は極楽浄土に生まれ変わると信じておる。やつらは南無阿弥陀仏の六文字にしがみついて、進めば極楽、退けば地獄と己が命をもかえりみずに向かってくるではないか。ならばこの石を、この信長の化身として神仏《かみほとけ》の上に置いて崇《あが》めさせれば万民《ばんみん》は死をも恐れぬ余の信徒になって、天下布武の世が無駄なく築けるに違いない――

今ある世のすべての権威（仏教やキリシタン、朝廷や将軍）に並ぶ、もしくはそれを超える信長神教を創ってやろう……。そんな思いに耽《ふけ》っていると、誰かに信長は体を揺すぶられていることに気付きました。

「上《うえ》さま、いかがなされました。ご気分でも……」

お悪いのではと、丹羽長秀が信長の馬の手綱を手にし、血相を変えて叫んでいます。その声に、ふっと我に戻った信長は、

「なッ、何でもない。すこーし、この石に魅了《みりょう》されただけじゃ。」

ふーうッと息を吐き、その黒石を弥助に持たせると、次の巡察場へ一同を急がせました。

天下布武の拠点「安土城」が完成したのはそれから三年後の天正《てんしょう》七年（一五七九）の正月でした。織田信長は築城なったばかりの城内を万民に解放し、城の完成祝賀を催しました。祝賀気分にうかれた近郷近在の民はもとより、諸国からも人々が列をなして押し寄せました。そして、その人々が城内にこしらえられた寺の様相をなした建物で最初に目にしたのは、本堂脇に掲げられた高札でした。

それを読み終えた人々は口々に、

「へーぇ、このお寺の盆山《ぼんさん》ちゅうもんを拝んだら、どえらい金持ちに成れるし、子孫は繁栄するし、病気せんと長生きができるのやて。エエことばっかりや」

「ほんまや、ほれに、この寺に帰依《きえ》する者は、願いが必ずかなうかわりに、帰依せん者は、業火《ごうか》に滅ぶのやて、ありがたいことやけど、やっぱりバチもあてはるのやな」

「お館さんの生まれやはった御縁日には、皆で参拝せいと書いてある。ぜひともお参りせなあかんな」

と言い合いながら、本堂に入って拝んだと伝わっています。

その盆山こそが、百済寺の焼け跡にあった黒光りするあの黒石だったのです。

この時の様子をポルトガルのイエズス会の宣教師、ルイス・フロイスが本国に宛てた書簡に次のような内容が盛り込まれています。

「信長は摠見寺《そうけんじ》建立と同時に諸国からありとあらゆる仏像を集めてずらりと並べ、それよりも一段高い所に頭ほどの石を置き、それを自身の化身とし、「ボンサン」と呼ばして参詣を義務づけ、自己を神格化して、比叡山延暦寺や法華宗よりも結束力が強く、引けば地獄、進めば極楽と唱えて死を恐れない一向宗の信者に対峙《たいじ》したものと思われる」

信長がこの石を「ぼんさん」と呼ばした由来としては、ポルトガル語の「神の祝福」を意味する「ボエンサァンオ（人は幸福になれる）」の音《おん》に通じる日本語の「盆山《ぼんさん》」と名付けて、自らを神格化し、民に与える祝福のしるしにしたといわれています。また、安土城の大手参道は、ルイス・フロイスが『地上の天国一千坊』と絶賛した百済寺の参道を手本にして築かれたともいわれています。

だが、安土城が築かれたわずか三年後の天正十年（一五八二）六月二日の早朝、天下布武の覇者《はしゃ》・織田信長は家臣の明智光秀の謀反《むほん》によって京の本能寺で自害、この名城「安土城」も紅蓮《ぐれん》の炎に包まれて焼亡《しょうぼう》、盆山石もそのときに行方が知れなくなってしまいました。

「世を西方浄土《さいほうじょうど》に導くのが、覇者《はしゃ》となられるあなたの今後のミチですよ」と聖徳太子に諌《いさ》められた信長でしたが、それを成し得ることはできませんでした。また世界史上でも、未来にも、そんな覇者はでないでしょう。

注1・安土城

織田信長が一五七九年に琵琶湖のほとりに築いた五層七階の大型の天主を持った城で、金の鯱を乗せたのも安土城が初めてです。安土城に限り「天守」ではなく「天主」と呼びます。ヨーロッパや中国文化の影響を受けた色彩豊かな城と言われましたが、築城わずか三年後に焼失しました。安土城についての文献はあまり残されておらず、幻の名城と呼ばれています。

「今日のハナシはこんで、おしまい。
あれ？　聞《き》いとったと思《おも》うたら、居眠りしとる。
カゼひっきょたらあかん」
お婆は、イチローの背に、そっとネンネコを掛けました。
いまだ外は、雪が降りつづいています。

（完）

【ご協力】

八日市図書館
湖東図書館
蒲生図書館
愛東図書館
永源寺図書館
五個荘図書館
能登川図書館
先輩諸氏他

あとがき

東近江市中一色町出身の私は、昭和九年生まれで、今年で八十一歳になります。子どもの頃、話し好きだった祖父母は東近江の伝説や昔話をよくしてくれました。私はそれがおもしろくて忘れられず、六十歳をすぎた頃から語り聞かせてくれた伝説や昔話を思い出しながら自分なりに調査取材をし、書き残すことを思い立ちました。そして東近江市の『お婆の囲炉裏《いろり》ばなし』の第一巻を平成十九年十月一日に発刊させてもらってから、今回の『聖徳太子と信長の馬かけ』で六巻目になりました。東近江は昭和四、五十年頃にかけて行われた圃場整備事業によって、伝統や人々の生活ぶりを残す風景のほとんどがこわされました。それと同時に豊かな自然や人々の生活の中で育まれてきた風習や行事、語り継がれてきた民話や伝承、昔話など今まさに消え去ろうとしています。何百年ものむかしから一握りの村人によって守り崇められてきた霊木や霊石、戦国時代に焼け出された仏を輪番で今に守り続けている風習や、徹夜で行われる子供の「ひゃくまんべん」行事、丸い竹箸のような棒の先に三色の色を付けて遊ぶ「じゃんけん」に似た「どこどこさんでしょ」遊びなど、今、心して保存しなければ、やがて消え去り忘れさられる小さな文化や文化財です。今回、発刊させていただいた六巻目は、愛知川ぞいに伝承する聖徳太子と織田信長にちなむ逸話を発刊させていただきました。この愛知川沿いには聖徳太子ゆかりの寺が、四十八ヶ寺あったと伝わっていますが、その寺々は戦国時代の覇者、織田信長によってほとんどが焼きはらわれました。ところがその仏難に際し、信心あつい地元の人々は身を挺して仏像や仏具を救い出し、今に連綿と崇拝し信仰されてきました。今年は東近江市が誕生して十周年です。それを祝うと同時に、地元に残る逸話などの小さな文化や文化財をいつまでも残しておきたいという思いから、「聖徳太子と織田信長」に関する物語を二十七話にまとめて出版させていただきました。

平成二十七年十一月十五日

※この出版物は「伝承ばなし」ですので現在では不適切とされる文言や、史実と異なる描写もありますが、本書の趣旨を鑑みそのままとしました。なお、方言をわかりやすくするため、「捨《ふ》てる」「帰《い》ぬ」など作者の判断で従来の読みとルビが違う場合があります。古文書や他の文献を引用した場合は、原文のままにしています。

聖徳太子と信長の馬かけ

平成27年11月10日発行

著　者／平　居　一　郎

挿　絵／中　村　帆《はん》　蓬《ほう》　　題　字／谷　野　剛　次

発　行／株式会社アトリエ・イオス
京都市山科区北花山横田町19番地20
TEL075-591-1601　〒607-8475
URL　http://www.at-eos.co.jp/
E-mail　eos@khaki.plala.or.jp

発　売／サンライズ出版
滋賀県彦根市鳥居本町 655-1
TEL0749-22-0627　〒522-0004

印　刷／サンライズ出版

ISBN978-4-88325-585-6

お婆の囲炉裏ばなし　既刊本

第一編　全30話

だいじょもん椿

平居一郎 著

定価 1400円+税　　A5判　240ページ

　いま書き残さねば、永遠に消え去るであろう伝承話。著者が祖父母に聞いた話や、土地の古老から改めて聞く話を、滋賀県東近江市を中心にまとめた30話。

第二編　全30話

天狗つるべ

平居一郎 著

定価 1400円+税　　A5判　247ページ

『だいじょもん椿』に続く第二編。天狗がおろした釣瓶にすくいとられてしまった新吉。両親はお地蔵さまに懸命にすがると……。表題の「天狗つるべ」をはじめ、土地の古老から聞く伝承話30編を収録。

第四編　全30話

お千代みち

平居一郎 著

定価 1400円+税　　A5判　251ページ

　シリーズ第四編。幼いころから仲がよく、「ゆくすえは夫婦に」と約束までしていた仙太郎とお千代。時が過ぎ、大人になった二人に訪れた悲しい運命とは……。表題の「お千代みち」をはじめ、全30話を収録。

第五編　全30話

とどろき狐

平居一郎 著

定価 1400円+税　　A5判　260ページ

　シリーズ第五編。表題の「とどろき狐」をはじめ、滋賀県東近江市に伝わる昔ばなし全30話を収録。方言を多用した物語は、土地の歴史や風土が感じられる。

豊郷町
甲良町
多賀町
愛荘町
卍西明寺
卍金剛輪寺
宇曽川
勝堂
今在家
田
北菩提寺
中一色
平松
押立神社
六丁地蔵
僧坊
菩提寺
南菩提寺
湯屋
平柳
横溝
地蔵院
五の谷川
押立山
大沢
読合堂
長
北花沢
卍廃流寺
南花沢
卍百済寺
極楽橋
本
名神高速道路
鯰江
鯰江城
高麗寺
卍駒寺
平尾
卍東光寺
如来
瓜津
八日市IC
卍慈眼寺
高野
萱尾大滝神社
卍永源寺
萱尾
甲津畑